中小学生音乐素养评价研究

李红菊 / 著

GUANGXI NORMAL UNIVERSITY PRESS
广西师范大学出版社
·桂林·

中小学生音乐素养评价研究
Zhong-xiaoxuesheng Yinyue Suyang Pingjia Yanjiu

出版统筹：伍丽云
质量总监：孙才真
责任编辑：郭　静
责任美编：赵英凯
责任技编：马其键

图书在版编目（CIP）数据

中小学生音乐素养评价研究 / 李红菊著. -- 桂林 ：广西师范大学出版社，2024.1
ISBN 978-7-5598-6436-9

Ⅰ. ①中… Ⅱ. ①李… Ⅲ. ①音乐课 – 教学研究 – 中小学 Ⅳ. ①G633.951.2

中国国家版本馆 CIP 数据核字（2023）第 192816 号

广西师范大学出版社出版发行
（广西桂林市五里店路 9 号　邮政编码：541004
网址：http://www.bbtpress.com）
出版人：黄轩庄
全国新华书店经销
唐山富达印务有限公司印刷
（唐山市芦台经济开发区农业总公司三社区　邮政编码：301501）
开本：787 mm × 1 020 mm　1/16
印张：8　　字数：100 千
2024 年 1 月第 1 版　　2024 年 1 月第 1 次印刷
定价：56.80 元

前　言

审美教育是儿童及青少年发展和教育的一个重要领域。中小学美育不论对学生自身个体发展，还是对国家和社会的发展，都具有重要的意义。

美育促进儿童和青少年的全面发展

美育在促进儿童和青少年全面发展、开发智力和潜能、培养良好情操等方面，有着独特的重要作用。早在我国古代就有人提出艺术教育的“辅德、益智、促体”功能，多元智能理论也为美育的价值提供了科学依据。美育可以促进儿童和青少年大脑两半球以及眼、耳、手等全身心协调发展，助其养成专心致志、注意力集中的良好习惯。现代心理学研究还表明，形象的艺术刺激能促进学生大脑的发展，提高思维的敏捷性，而美育恰好具有这一特点。

以往研究不断表明，艺术教育能够显著地促进认知发展和学术成就。1993 年，美国学者 Rauscher 在国际权威刊物 *Nature* 上发表文章，报告了后来广为人知的“莫扎特效应”。虽然后来“莫扎特效应”遭到质疑，但是音乐能够提高人的空间推理能力这一观点已深入人心。1999 年，美国十大教育组织给国会的上书引用了以下两个研究作为范例，指出艺术教育的重要性：（1）学术期刊 *Neurological Research* 在 1997 年 2 月刊中有一个被广为引用的研究发现，学生在接受六个月的键盘乐器学习后，比未接受音乐教学的学生在时间、空间能力测验的成绩高出34%。研究结果表明，音乐教育能够加强数学、棋艺、科学和工程学所需要的大脑功能。（2）美国高校委员会报告（1997）指出，有四年艺术学习经历的学生比未学习艺术的学生在学术能力评估测试（SAT）中语文和数学测验上的总成绩高出101分。这些无不说明，对于学生本人而言，美育具有一定的智能价值。不过，需要注意的一点是，美国中小学美育的地位起起伏伏，状况堪忧。美国艺术与科学学院（American Academy of Arts & Sciences）下设的艺术委员会调查和评估美国艺术教育状况，在其报告《为生命而艺术：艺术教育案例》（*Art for Lfe's Sake: The Case for Arts Education*，2021）中指出，超过一半的教育工作者表示，艺术教学所用的时间和资源都在减少，因此再次重申美育价值，以引起各界重视。

美育在促进学生的全面发展方面发挥着重要的作用。艺术作为人类文化的一种重要形态和载体，蕴含着丰富的文化和历史内涵，以其独特的魅力伴随着人类历史的发展，满足着人们的精神文化需求。美育以美的对象和美的存在形式为内容，以“随风潜入夜，润物细无声”的特点沁入学生的潜意识和生活习惯中，使他们逐渐具有高雅的审美情趣和是非鉴别能力，引导学生养成正确的审美观，培养学生感受美、鉴赏美和创造美的能力。

美育在决定个体心理的发展水平和促进其心理健康上，具有其他教育方式无法替代的作用。艺术主要诉诸人的情感，其中又包含大量的认知因素和伦理因素，对于学生情感的升华与调节有着极大的能动作用，即所谓“以理节情，以理导情”，最终达到感性与理性的平衡。而且，艺术虽然表现人的情感，却又不仅仅只有情感。在艺术作品中，情感蕴藏于外显的审美形式结构之中，是情感的形式化、物态化。当作品的形式或物态与个体的情感体验模式产生共鸣时，艺术作品中蕴含的思想情感与个体的心理世界便会产生互动效应，对人的心理健康、心灵净化产生积极而又深刻的影响。从根本上讲，艺术最深刻的价值，就是通过丰富人的感觉体验，来提高他们的生活质量和幸福感，培养健全的人格。美育提升了人的感性素质。

当前社会已经进入了后物欲时代（郑也夫，2016）。在生存需求得到满足的情况下，人们的物质消费需求持续增长，这种物欲的膨胀导致心理健康状况受到影响。而在当今社会，这种困境已经成为较为普遍的现象，也标志着后物欲时代的来临。人们的精神文化生活和艺术需要的迫切性凸显，需要发展出物质追求以外的追求，比如投身于游戏、艺术等活动中。人们如何平衡物质生活与精神文化生活？又如何在享受精神文化生活的同时，使其效果更优？从更深层次来看，这些问题都与人们的感性素质息息相关。

那么为了释放理性带来的压抑，缓解人类文明发展带来的人的生存危机，应该如何锻炼个人的感性能力，打开心灵的感受性呢？以感性素质培养为目标的美育起到至关重要的作用。审美育人的过程不同于智育过程中以思维为特征的认识活动，而是表现和升华情感、激发个体生命活力、发展创造性、开启心智、养育性情的体验过程（杜卫，2014）。著名心理学家马斯洛（Abraham H.Maslow）的需要层次理论主张：审美需要是人的高级心理需要，对于人的健康心理形成具有促进作用。每个人都有审美需要，不可或缺，如果没有得到发展和满足，容易出现精神和心理上的亚健康或病态。如果个体的审美需要被满足，个体更容易产生自我完满感并达到自我实现的目标。

本人在承担北京市社科课题（2017—2021）时研究发现，那些受过更多美育的学生更了解自己的人生意义和人生使命，生活中更有目标感，生活满意度也更高。我们采用访谈和问卷调查等方法，专门研究了大学生是否有艺术教育相关经历背景与其人生意义体验、生活满意度、情绪等变量之间的联系。该研究发现，早年有艺术教育背景、有艺术特长的在校大学生，在心理健康指标上明显优于没有艺术背景的大学生。早年有艺术教育背景的大学生更加健康，身心发展更有优势。深入分析发现，学习艺术年限与人生意义感呈显著正相关。学习艺术年限越长，对艺术喜爱程度越高，参与艺术活动也越多。因而我们认为，艺术学习能促使学生的生活学习进入一种积极健康的循环状态，人生有意义感的体验和积极情绪增多，生活满意度也随之提高。

近年来，国家美育政策和双减政策给中小学美育发展带来了契机。每个学生都有艺术和美的需要，应该给学生提供充分的美育机会，满足其对艺术和美的需要。以美化人，有助于培育其良好的性情，升华内在丰富美好的情感，发展创造性，开启潜在的心智，激发内在的生命活力，有益于身心健康。

美育对国家和社会发展的价值

中小学生是未来社会建设的生力军，其艺术素养的培养和发展除了对学生个人的发展具有促进作用，对整个国家和社会也具有重要的意义。中小学生艺术素养的培养和提高不但有助于传承和弘扬民族优秀文化，而且有助于构建和谐社会，甚至提高国家生产力和竞争力。

美育可以拓宽学生的发展渠道，为国家和社会培养更多的合格人才。通过音乐、美术等课内外的各种美育活动，可以使学生在声乐、器乐、作曲、绘画、书法、舞蹈等方面得以发展，学到一技之长，可以给他们的未来发展创造更多的选择和机会。我们培养的学生绝不仅仅是以“升学”为主的单一模式的少数人才，而是大批的、不同类型的并且适应社会需要的合格人才。如果能根据学生的实际需要，面向不同的个体因材施教，那么，就可以使每一个学生在德、智、体等方面得到应有的发展。

美育是促进社会文明和进步的重要手段。艺术和审美可以净化人的心灵，提升人的涵养水平，陶冶提高人的情操，使人的精神处于一种自由和谐的境界，这就为整个社会的精神文明建设和全民族整体素质的提高奠定了良好的个性心理基础。美育的文化传递和发展价值是不容忽视的。通过各种形式的美育活动，可以将艺术知识和人类艺术文化精华集中地、高效地传递给下一代，从而使人类优秀文化得以传承和保存。总之，美育具有多功能的辐射作用，无论是对个人一生的发展，还是对整个国家和社会的进步，都具有极大的价值。

艺术素养测评越来越重要

我国非常重视儿童及青少年艺术素养的培养，学校美育经费投入逐年递增。近几年，因各种政策，学校美育师资队伍人数迅速增加，美育工作质量正稳步提升。随着新时代的到来，我国对美育质量的要求越来越高。2020 年 10 月 15 日，国务院办公厅印发《关于全面加强和改进新时代学校美育工作的意见》，提出美育工作需要深化教学改革和推进评价改革。教学改革方面，逐步完善“艺术基础知识基本技能＋艺术审美体验＋艺术专项特长”的教学模式。在学学掌握必要基础知识和基本技能的基础上，着力提升文化理解、审美感知、艺术表现、创意实践等核心素养，帮助学生形成艺术专项特长。评价改革方面，把中小学生学习音乐、美术、书法等艺术类课程以及参与学校组织的艺术实践活动情况纳入学业要求，探索将艺术类科目纳入初、高中学业水平考试范围。全面实施中小学生艺术素质测评，将测评结果纳入初、高中学生综合素质评价。探索将艺术类科目纳入中考改革试点，纳入高中阶段学校考试招生录取计分科目，依据课程标准确定考试内容，利用现代测验评价技术手段促进客观公正评价。因此，艺术学科评估将是以后美育工作中重要的研究内容。

中小学音乐素养评价研究的主要内容

我国中小学美育必修课程包括音乐和美术等。艺术素养的内涵丰富，音乐素养是艺术素养的重要组成部分，其评价问题值得关注和研究。本书对国内外中小学音乐素养相关测评工具及各国中小学音乐教育评估工作进展进行了梳理和分析，研究音乐素养评价的内容和方式，以期为我国中小学音乐教育评估提供测评方面的参考。音乐素养包含的内容很丰富，不同的研究者有不同的观点，但都将基本音乐能力视为音乐素养的一个有机组成部分。从本质上说，基本音乐能力是关于音乐材料的听知觉能力，是个体音乐素养终身发展的能力基础。基本音乐能力包括个体对几个最重要的音乐构成部分（音高、音强、音长、音色、节奏和旋律）的感知辨别能力以及音乐记忆能力。除了基本音乐能力，音乐素养还包括音乐知识技能、音乐表现、音乐情感因素和音乐活动参与情况等多个维度。本研究分析了音乐成就测验、音乐表现测验、音乐情感态度测验和音乐影响因素测验等多种测验形式，从动机、过程和结果等几个方面，系统地考察了个体音乐素养的测评问题。

此外，本书还对各个国家中小学音乐教育评价项目进行了梳理，这些测评值得研究和借鉴。美国早在 20 世纪 70 年代就开展了艺术学科（包括音乐）全国性的学生评估，并在 1997 年、2008 年、2016 年又进行了评估，评估依据是《艺术教育国家标准》（*National Standards for Arts Education*）和《艺术教育监测方案》（*Arts Education Assessment Framework*）。对音乐的内涵界定包含过程和内容两个方面，过程方面包括创造、表现和反应三个维度，内容方面包括知识和技能两个维度。新西兰的教育评估了多次音乐学科，测试题目包含了现行课程中的大部分内容。日本在20世纪50年代就开展了两次全国学生音乐学力测试，60年代全国学力统一考试被中止，2007年才得到恢复，目前还没有测查音乐学科。英国在其学校督导工作中利用学历和课程大纲管理委员会（Qualifications and Curriculum Authority）的音乐成绩评估其音乐素养和音乐教育状况。我国从2016年开始每三年进行一次全国中小学艺术教育质量监测，主要监测国家规定的必修课程音乐和美术教育质量状况。我们深知音乐素养评估工作的复杂性，需要广泛借鉴和参考国际上已有的评估经验，确立科学合理的音乐评估内容、指标和测评工具，以获得具有科学性、具有较高信效度的评估。不同的测评类型各有优势，只有综合考虑这些测评类型，才能获得真实可靠而又全面的学生音乐素养数据。

目　录

第一章 音乐教育的价值

音乐素养是中小学生在学习和成长过程中需要协调发展的艺术素养之一。在《中国学生发展核心素养》中，人文底蕴与科学精神共同构成儿童和青少年发展核心素养的文化基础（见图 1-1）。学生发展核心素养指学生应具备的、能够适应终身发展和社会发展需要的必备品格和关键能力，是关于学生知识、技能、情感、态度、价值观等多方面要求的综合表现。核心素养包括文化基础、自主发展和社会参与三大维度。核心素养以培养“全面发展的人”为核心，各素养之间相互联系、相互补充、相互促进，在不同情境中整体发挥作用。文化基础这个维度，重在强调能习得人文、科学等各领域的知识和技能，掌握和运用人类优秀智慧成果，涵养内在精神，追求真善美的统一，发展成为有宽厚文化基础、有更高精神追求的人。其中，文化基础中的人文底蕴包括人文沉淀、人文情怀和审美情趣。审美情趣的重点是：具有艺术知识、技能与方法的积累；能理解和尊重文化艺术的多样性，具有发现、感知、欣赏、评价美的意识和基本能力；具有健康的审美价值取向；具有艺术表达和创意表现的兴趣和意识，能在生活中拓展和升华美等。根据新时代教育的要求，培养青少年儿童的音乐素养具有重要意义。

音乐教育对个体发展具有重要意义，这一点可以说已达成共识。但是，音乐教育到底具有什么价值，却是个争论不休的问题。音乐教育的价值可分为本位价值和功能价值。音乐教育应该强调本位价值，还是功能价值，不同的流派各执一词。随着时代的发展，随着研究手段从传统心理学向脑科学的发展，音乐教育诸多功能价值得到了实证支持。

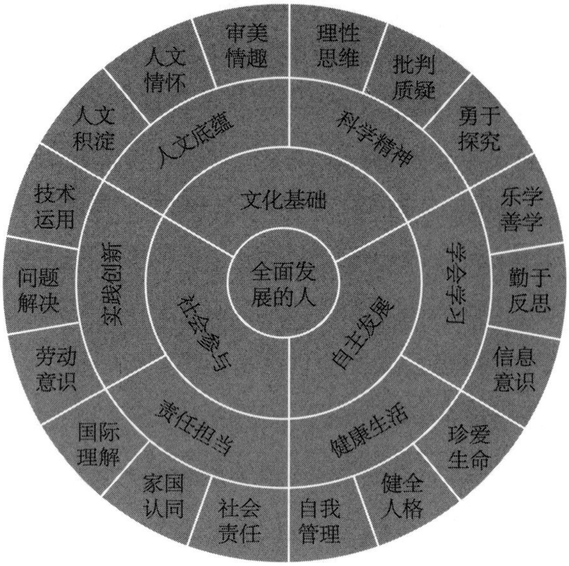

图 1-1　中国学生发展核心素养

一、音乐教育的本位价值和功能价值之争

1983 年 3 月刊的《音乐教育者杂志》（*Music Educators Journal*）以“实用还是审美”为题，广泛讨论了音乐教育的本位价值和功能价值，引起了众多学者对音乐教育价值的深入思考。音乐教育应该强调本位价值，还是功能价值，不同的流派各执一词。

（一）两派各自的观点

强调音乐教育本位价值的流派认为，音乐应该具有其独特的学科价值即审美价值，所谓“为音乐而音乐”，“为艺术而艺术”，音乐教育就是要培养学生的音乐素养，音乐素养不同于其他任何一种素养，它独立存在而且具有独特的审美价值；我们应该停止通过论证对其他学科学习的帮助来证明音乐教育的重要性（Jessica，2008 ）。一味强调其功能价值，凭借最没有音乐特征的价值来证明音乐在教育中的地位，就达不到音乐教育真正要达到的目的（雷默，2003），相当于把音乐教育当作德育或智育的附庸，忘本逐末，违背了音乐教育的本质。

强调音乐教育功能价值的流派认为，音乐教育要体现其功能价值，强调其对个体、社会的意义，音乐和音乐教育才能被重视，其一直不受重视的地位才能被改变。著名音乐人类学家梅里亚姆说：“在人类的文化活动中，或许没有任何事物像音乐这样具备如此全方位的弥散性，影响、塑造并且常常是控制着人类的行为。”作为审美教育的音乐教育总是倾向于孤立主义的“为艺术而艺术”，这样就大大限制了音乐所能发挥的功能，不能使音乐教育在广泛、多样、基本的功能方面表现出应有的作为。

（二）融合的观点

目前，审美功能和实用功能融合的、中庸的音乐教育价值观，已经被音乐和艺术教育界广泛接受。对于个体而言，音乐素养首先发展了个体的审美情趣，有助于促进个性社会性的和谐发展，有助于促进想象力和创造性的培养，有助于促进大脑的发育成熟。学生音乐素养的培养和发展对国家和社会的发展也具有重要的意义。

审美价值是音乐教育的本质价值，是其他功能价值实现的前提条件，这已经成为大家的共识（郭声健，2004）。美国明尼苏达大学音乐学院院长 Paul Haack 博士首先尝试把审美的功能和实用的功能进行融合，而不是像一些人那样把二者截然对立起来。2002年3月18日，Paul Haack 在中央音乐学院的讲座中谈到一个仅仅为自身而存在、仅仅为自身而有用的学科，例如“为艺术而艺术”的审美教育，无论从可能性还是从逻辑上讲，是不可能被视为学校的基础学科的。要大家对一门学科给予认可，就必须证明这门学科本身以及其他方面都是有用的，它必须在人类的需求和发展方面，起到交流、学习和理解的重要作用。正因为如此，语文和数学被视为学习的基础学科。同理，只有音乐的所有功能被认可和理解，它才能被视为学校的基础学科。他提出，我们需要把审美和实用的理念融合起来，以便强化音乐是学校基础学科的论证，并认识到音乐素养是当代社会的必需。

在梅里亚姆看来，审美功能仅仅是他提出的音乐的十种功能之一，但是无论审美功能如何重要，具备怎样的基础性质，我们都应该同时记住音乐的其他功能也是同样重要的，也具备着同等的基础性质。当我们在讨论审美的价值以及实现这种价值的必要性时，绝不能孤立地考虑审美自身。

1999年初，在美国全国艺术教育协会联盟（Consortium of National Arts Education Associations）的主持下，美国十大教育组织向国会阐释艺术教育的价值时这样描述：“艺术在人类精神的理念和情绪交流中，具有一种独特的效能。艺术把我们与历史、传统和人类遗产联系在一起，在我们的文化中显示出一种独特的美和力量。同时，大量研究不断地表明，始于儿童早期教育并贯穿整个成长教育过程的艺术教育，能够显著地促进认知发展和学术成就。”美国的艺术课程包含音乐、舞蹈、戏剧和视觉艺术四个学科。在美国《艺术教育国家标准》（1994年）中，非常强调艺术本身的审美价值，同时也明确指出了艺术教育对其他学科学习、个体思维和认知能力发展甚至个体社会性发展的帮助。艺术教育有益于学生，因为它能够培养完整的人，在发展直觉、推理、想象、技巧以及表达和交流的独特形式和过程中，逐渐形成丰厚的文化修养。艺术教育有助于激发学生多种感知和思维方式。艺术教育还有益于社会，因为学生学习艺术能够获得有力的工具。它有助于学生理解人类的古今经验，学会借鉴、尊重其他人不同的思维方式、工作方式和表达方式，学会解决问题的艺术方式，为人们在各种社交场景中提供表达、分析和发展的工具。例如人们常说的教学艺术、政治艺术等，在没有标准答案的情境中进行决策、分析非语言的交流，并对有关文化的产物和问题做出有见识的判断，用各种方式交流思想和感情……有力地增强了自我表达的内涵。2002 年，美国“艺术教育伙伴”组织公布的研究表明，对学生进行艺术方面的教育可以发展学生的思维。该组织在一段时间里对 62 项有关舞蹈、戏剧、音乐、多媒体、视觉等方面教育的研究发现，艺术教育对于学生在读写语言能力发展、抽象概念理解、独立思考能力培养、主动学习、社会行为方面都有极大的益处。

新西兰的艺术课程包括舞蹈、戏剧、音乐和视觉艺术四个学科。《新西兰国家艺术课程标准》分析了艺术学科与其他学科（语言和语文、数学、科学、技术、社会科学、健康和体育）之间的密切关系和艺术学科对培养学生各种能力（交流、交际和合作、解决问题、自我管理和竞争、运边、信息处理、工作和学习等能力）的促进作用。

在我国，2001 年发布的《全日制义务教育音乐课程标准（实验稿）》提出音乐课程具有审美体验价值、创造性发展价值、社会交往价值和文化传承价值四个价值。2011 年，《义务教育音乐课程标准》（2011 年版）仍然围绕这四个价值，提出音乐课程的价值在于为学生提供审美体验，陶冶情操，启迪智慧；开发创造性，发展潜能，提升创造力；传承民族优秀文化，增进对世界音乐文化丰富性和多样性的认识和理解；促进人际交往、情感沟通及和谐社会的构建。这四个价值阐述既包含了音乐教育的本位价值，也包含了其丰富的功能价值。

下面就从融合的、中庸的音乐教育价值观出发，详细探讨音乐教育在个体发展、国家和社会这几个层面的具体价值体现。

二、音乐教育对个体发展的重要性

作为素质教育的重要组成部分，音乐教育的功能在人们千百年的长期社会实践活动中已有过精辟的论述和总结。19 世纪著名的德国作家雨果认为“开启人类智慧的宝库有三把钥匙，一把是文字，一把是数字，一把是音符”。早在我国古代就有人提出音乐教育的“辅德、益智、促体”功能。孔子强调教育人成才不外乎三条——“兴于诗、立于礼、成于乐”，深刻指出了音乐对修身的影响。对世界音乐教育有着广泛影响的柯达伊多次指出：“音乐是人的教育不可缺少的部分，如果不具备这方面的修养，教育就不完整，离开了音乐就谈不上是个全面发展的人。”他认为音乐和人的生命本体有着密切关系，是人精神生活的需要，是每天生活的有机部分，没有音乐就没有完美的人生。

音乐主要用来表达人的情感，但其中又包含大量的认知因素和伦理因素，对学生情感的升华与调节具有极大的能动作用，即所谓“以理节情，以理导情”。当个体的情感体验模式与音乐产生共鸣时，音乐作品与身处其中的个体之心理世界便会产生互动，对人的心理健康、心灵净化产生积极而又深刻的影响，从而促进学生个性与社会性的健康和谐发展。音乐教育能提高学生的艺术意识，培养学生的感性能力和审美敏感性，帮助学生认识到提高生活质量、丰富生活内容的意义。

目前，对音乐教育价值的研究已经不再仅仅停留在思辨层面上。随着研究手段和研究技术的不断发展，音乐教育价值得到了越来越多实证研究的验证。

（一）心理科学视野下的音乐教育价值研究

1. 音乐训练与非音乐能力的关系

大量研究不断表明，音乐教育能够显著地促进学生的认知发展和学术成就。美国学者 Rauscher F.H 教授在国际权威刊物 *Nature* 上发表文章 *Music and Spatial Task Performance*（1993），报告了后来为大家所熟知的莫扎特效应。他们以 36 名大学生为被试，让其聆听莫扎特作品，在实验结束后用斯坦福—比奈智力量表测试，发现这 36 名大学生的智商比没有聆听莫扎特音乐的“对照组”学生高出八九分；也就是说大学生在被动听莫扎特乐曲后的十分钟内，空间认知能力显著提高。莫扎特效应已深入人心。1998 年，美国佐治亚州政府开始向每位新生儿免费发放古典音乐 CD，在科罗拉多州和佛罗里达州等地也有类似的计划。

Rauscher 等研究者的这篇报告被质疑实验程序存在问题。例如，在样本量只有 36 人的情况下，被试参与三组实验（实验组：聆听莫扎特音乐；对照组 1：聆听一般的放松音乐；对照组 2：不听音乐）的顺序没有进行随机化，在此基础上得出的结果其可信度值得怀疑。另外，被试还可能因为同一天内多次测试出现练习效应，而在空间认知任务中有更好表现，或者因为疲乏或任务的枯燥而影响表现。

加拿大心理学教授 E.G.Schellenberg 围绕音乐教育的认知结果（非音乐功能）、莫扎特效应等主题做了大量研究。例如，他和其他研究者一起探讨了莫扎特效应，并拓展了莫扎特效应的研究范式。使用莫扎特的音乐或者舒伯特的音乐，发现听音乐的被试比什么也听不到的控制组在空间认知任务中得分高。但是这个效应会受到被试喜好的调节，如果被试喜欢听音乐，这个效应更明显。（Nantais & Schellenberg，1999）他进一步做了一个 144 名六岁被试的音乐教育功能和价值研究。将被试分成三组，前两组为音乐组，一组被试听键盘音乐，一组听人声音乐；第三组为控制组。对三组被试进行干预前后的 IQ 测量，结果发现，音乐组被试在 IQ 测试得分上有更显著的增长，虽然这个效应并不是很大。（Schellenberg，2004）

莫扎特效应主要是指聆听莫扎特音乐或类似音乐，可以提高被试对象的空间记忆能力，但并非听了莫扎特音乐后，所有的认知能力都可以提高。对于莫扎特效应争论的焦点主要集中在莫扎特效应产生的内在心理和脑机制问题。有研究者认为是由于被试对音乐的偏爱，从而提高了空间记忆能力；也有研究者认为该效应是由于音乐直接激活大脑神经元，从而提高被试的空间记忆能力。

通过以上分析，我们认为“学音乐让人更聪明”这个结论在一定程度上是科学的。但是学音乐并不能提高个体所有方面的认知能力，提高的程度因受多方面因素影响而不确定，可能需要付出长时间的努力才会有稳定的效果。以上问题有待探讨的部分，需要进一步深入研究，需要日新月异的研究手段和精益求精的研究设计不断探索。

自 Rauscher 刊登第一篇关于莫扎特效应的文章至今，每年都会有一定数量的关于莫扎特效应的文章发表。关于争论莫扎特效应是否存在的声音丝毫不亚于对它本身影响力的讨论。笔者曾用关键词“Mozart Effect”在数据库 Web of Science 上按主题搜索 1993 年至 2013 年这 20 年内已发表的相关论文，发现每年都会有一定数量的相关论文发表，可见学界对于莫扎特效应的兴趣一直保持一定的热度。

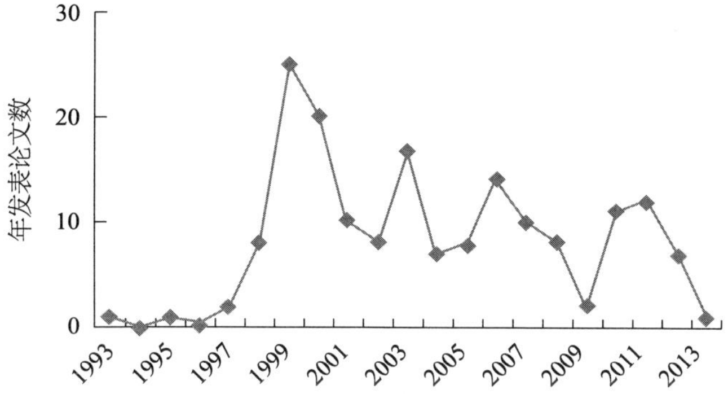

图 1-2 1993—2013 年莫扎特效应主题论文每年发表的篇数

年发表论文数只能说明该领域研究者对莫扎特效应的关注度，但如果想从侧面了解该问题的实际科学价值和意义的话，论文所发表杂志的影响因子则是一个公认的客观指标。Schellenberg 记录了 2004—2008 年研究该主题论文所在期刊的平均影响因子，如图 1-3 所示。可见，莫扎特效应相关研究在中等偏上水平（影响因子大于 1）的国际核心期刊的比例相当低。这与图 1-2 所示的相关论文发表数量形成鲜明对比，可能的原因是对莫扎特效应尚未找到更为有力的研究范式。

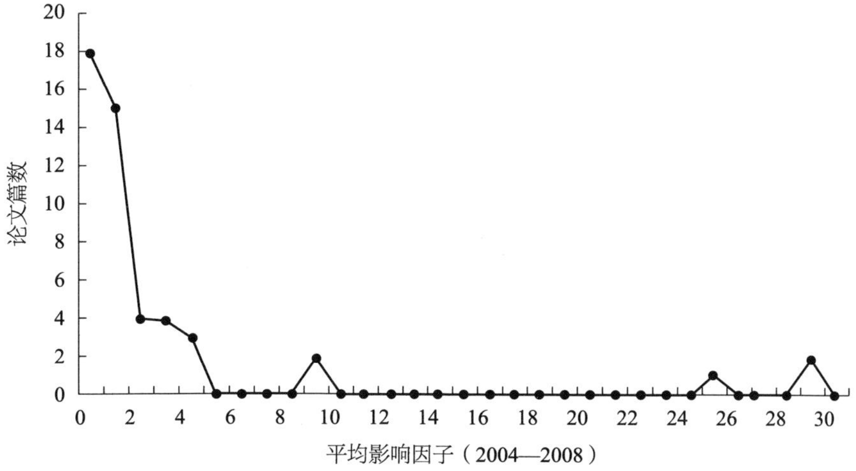

图 1-3 2004—2008 年莫扎特效应论文所发期刊的平均影响因子

霍华德·加德纳的多元智能理论（2008）为音乐教育的价值提供了有力的科学依据。多元智能研究探讨的是，在有关智力的结构和组合问题上，不同智力之间是否一定彼此独立不相关？研究发现，某些智力彼此之间的关系比其他智力之间的关系更密切。音乐与语言智能、数学逻辑智能、人际智能、空间智能等之间的关系在多元智能研究中也得到了一定的支持。以音乐与语言智能的关系为例。音乐，特别是歌曲，是一种教导婴儿认知语言语调和说话的重要媒介（Lee & Miller，2003）。研究发现，幼儿说话与唱歌的声音非常类似，说话形式无论在节奏还是语调方面都很接近音乐（Moorhead & Pond，1978）。加德纳认为音乐智力和语文智力在结构上几乎是平行的，这点和高登（Edwin E.Gordon，1989）认为音乐和语文不管是结构上还是教学学习过程中都有许多相似之处的论点不谋而合。因此，音乐和语言智能的关系密切，二者在个体成长过程中可以相辅相成。

自 20 世纪 90 年代莫扎特效应被提出以来，音乐训练与非音乐能力（nonmusical abilities）之间关系的研究便成了教育学、心理学和艺术领域的热点。所研究的非音乐能力包括视觉空间能力、语言能力、非语言能力、触觉灵敏度、视觉记忆、听觉记忆、视动整合能力、智商、学业成绩和工作绩效。学术期刊《音乐知觉》（*Music Perception*）2011 年第 2 期《音乐教育效应特刊》中包含 9 篇文章，大部分调查实证研究都支持音乐教育与非音乐能力存在相关。

大多数研究表明了音乐训练与非音乐能力呈现相关性甚至存在因果关系；但有些研究则显示，音乐训练与非音乐能力之间并无必然联系，即使有联系，二者因果关系的方向也存在争议。在调查研究中这一问题尤为明显。例如，哈佛大学零点项目专家 Ellen Winner（2000）对全美中学生 1988—1998 期间的学术能力评估测试（SAT）成绩和四年的艺术教育之间的关系进行调查研究，并用效应值（effect size）来表征二者的关系强度，发现接受过四年艺术教育的学生 SAT 成绩有逐年上升的趋势，如图 1-4 所示。这说明，伴随着大学择优录取的趋势，越来越激烈的竞争使得学生们更倾向于额外选择一门或多门艺术课程，以使自己在竞争中能多一份优势。因为数据来自调查研究而非实验研究，如果将这种关系解释为艺术教育与 SAT 成绩之间存在因果关系，则十分牵强。

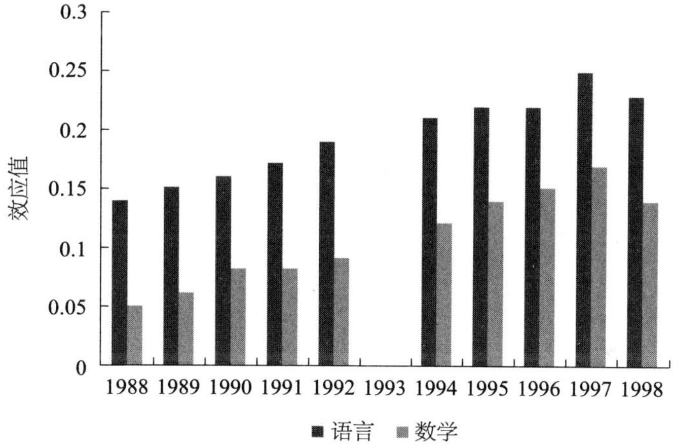

图 1-4　接受过四年艺术教育的中学生 SAT 成绩逐年上升

世界经合组织（OECD）于 2011 年探讨了艺术教育对科学、数学等其他学科的作用。受邀的知名学者 E.G.Schellenberg、E.Winner 等对音乐训练与非音乐能力是否存在相关性或因果关系，意见并不完全统一。

在国外，利用传统心理学手段，分析音乐对个体智力以及个性、社会性的影响的研究还有很多。笔者曾检索相关文献，对研究变量、研究主题、研究工具和研究结论做了一个简要梳理，发现研究大多将变量分成音乐与智力、记忆、学业成就、情绪、人格等几个（详见附录 2《音乐及其心理行为效应研究》）。总的来说，这些研究基本上支持音乐教育所带来的非音乐效应，包括对智力尤其是言语智力的促进作用、对记忆和情绪等的积极影响。

在我国，对音乐效应的研究受到越来越多的学者重视。中央音乐学院周海宏教授于 2002 年调查研究发现，学琴组与非学琴组智力测验得分总体上没有差异。中科院心理所施建农等 2009 年通过对音乐特长生与普通中学生的调查发现，音乐训练与智力、创造力无关。而 2010 年黄君用中国被试进行实验，证实莫扎特效应的存在。本人曾于 2013 年承担教育部教育规划课题，研究两组智商测验和家庭社会经济地位没有差异的四年级小学生，其中一组接受过音乐特长教育，另一组没有接受音乐特长教育。调查发现，两组在语文、英语和数学成绩上存在显著差异，受音乐特长教育的孩子在三门课程上的得分在统计上均显著高于没有受音乐特长教育的孩子。

近些年，我国学者尧德中教授团队进行了一项系统的研究，测试内容包括莫扎特 K.448 号乐曲和反向版本（通过把莫扎特 K.448 号乐曲的音符以相反序列排列所得的版本）、莫扎特音乐节奏和音调、行为和神经生物学测试等，测试对象为大鼠和人类受试者。该研究团队以 45 只大鼠为研究对象。从出生时起，这些大鼠就被分成三组，聆听不同的音乐或不听音乐，然后测验它们的记忆能力。发现通过聆听 K.448 乐曲，出生 28 天后的大鼠，就开始“出类拔萃”。它们学习得更快，表现更好。为了排除偶然的实验因素，研究者还让参与实验者听“反向 K.448 乐曲”，而实验结果表明他们好像“变笨了”，这样的研究成果更有力地论证了莫扎特效应的真实性。研究还针对 60 个没有接受过正式音乐训练的大学生进行实验，将其随机分成三组。在六天时间里，在固定的房间、固定的时间段，一组大学生每天听半小时莫扎特，一组大学生每天听半小时反向莫扎特，还有一组大学生什么也不听。结果发现，听了莫扎特音乐的一组表现比不听的好，不听的又比听反向的好。也就是说，莫扎特K.448音乐对大鼠被试的水迷宫实验，人类被试的折纸和剪纸实验、铅笔和纸迷宫实验有积极的认知效应，而反向版本的莫扎特音乐对大鼠被试和人类被试的表现有消极的影响。随后研究人员对大鼠脑源性神经营养因子（BDNF）及其受体（TrkB）的神经发生和蛋白水平进行免疫组化分析，进一步证实了这一结论。此外，在人和大鼠实验中，研究者发现音乐的节奏在音乐效应中起着关键作用。当莫扎特K.448和反向版本的节奏和音调被独立操纵时，大鼠在水迷宫实验中的学习表现表明，节奏是产生行为效应的关键因素。莫扎特效应的本质是莫扎特的节奏效应，这种效应表明不同的音乐可能会产生截然不同甚至相反的效果。研究人员由此认为进一步研究音乐节奏的实际应用，可能为神经系统的功能异常提供一些新的治疗策略。

总之，研究者采用各种科学研究手段不断证实，音乐教育能够显著地促进学生的认知发展和学术成就。多元智能理论（加德纳，2008）为音乐教育的价值提供了理论建构和科学研究支持。美国学者Rauscher（1993）提出莫扎特效应，加拿大学者Schellenberg以及我国学者等进一步拓展了音乐刺激效应及音乐教育价值的研究范式，并多次证实了音乐教育的认知结果。当然，音乐能产生莫扎特效应的内在机制问题是一个复杂的问题，仍然有待深入研究。

2. 音乐训练与情绪等的关系

音乐是情感的语言，人们会很自然地将音乐和情绪、情感联系在一起。对大多数人而言，听音乐的动机主要在于安抚内心，为了唤起积极情绪或释放消极情绪。心理学积极情绪扩大建构理论早就证实，积极的情绪能促进非音乐能力的发挥，而消极的情绪状态如焦虑或倦怠感，则会降低非音乐能力。于是，研究者们大胆猜想，之所以出现莫扎特效应，很可能并非音乐训练直接导致非音乐能力的提高，而可能是由于被试的情绪状态和唤醒状态受到音乐的影响，进而提高了非音乐能力。

据此，Schellenberg 的研究团队（1999）开始重复并改进莫扎特效应实验的研究范式，进行一系列实验。结果发现，当用舒伯特音乐作为对照组时，被试出现了舒伯特效应；而用趣味性强的史蒂芬 · 金的小说作为对照组时，也发现和听莫扎特音乐的实验组在空间任务测试中得分无显著性差异。实验结束后，在对被试进行访谈时发现，在实验组和对照组的被试中，喜欢莫扎特音乐的人和喜欢听故事的被试人数相当。有趣的是，出现莫扎特效应的大多是喜欢莫扎特音乐的被试，而喜欢史蒂芬 · 金小说的被试则更可能出现史蒂芬 · 金效应。虽然在实验中研究者并未直接测量情绪和唤醒状态，但以上实验结果说明，音乐训练很可能是通过情绪和唤醒状态而影响非音乐能力发挥的。

随后 Thompson W.F. 等（2001）进一步改进实验方法。他们选择直接测量情绪和唤醒状态。采用的方式是用快节奏和大调旋律唤起快乐情绪，慢节奏和小调旋律唤起悲伤情绪，分别选用莫扎特 D 大调和阿尔比诺尼小调柔版。结果快节奏的大调旋律组被试在空间能力测试的得分上，显著高于慢节奏小调旋律组被试。之后，研究者又在原有的实验范式基础上做了进一步调整，他们采用同一首曲目的不同节奏和调式，替代原来的阿尔比诺尼小调柔版。原因是，该曲目通常被用在葬礼上，而这有可能因唤起丧亲回忆而增大误差。结果发现，和以前的研究一样，快节奏大调旋律组得分显著高于慢节奏小调旋律组。这一系列研究结果似乎都指向同一结论，情绪与唤醒状态在音乐训练和非音乐能力之间起中介作用。

然而，情绪和唤醒状态也并非对所有非音乐能力都有影响作用。有研究发现，当研究者改变测试内容，用认知加工速度和工作记忆替代空间能力进行测试后，并未发现各组间有显著差异。这说明，有些非音乐能力不受情绪和唤醒状态的影响。

在其他社会或情绪功能方面，当研究者研究音乐训练对儿童的自尊和自我概念的影响时，并未发现他们之间存在显著相关性。另外，有研究者对艺术教育和幼儿社交能力的关系进行了调查研究，他们选取了刚接受完一年艺术训练的6岁学前期儿童做分组实验（分别是音乐训练组，戏剧训练组和对照组）。研究结果显示只有戏剧训练组有较明显的社交能力的提高。随后在一项更广泛的类似调查研究中也发现，音乐训练和社交能力没有必然联系。

有一项考察参与管弦乐教育项目是否与儿童整体心态水平有关的调研。该项目立足于音乐教育的角度，考察了参与研究的学生经过两年以上的管弦乐活动后的情绪状态。研究结果显示，学生整体的成长心态水平明显高于同龄人，具有更强的成长型思维倾向。具有成长心态的学生坚信，他们在某件事上付出努力越大，越能把这件事做得更好。成长心态是一种健康的心理状态，具有成长心态的学生也更倾向于选择更有挑战性的任务，抗挫能力更强。这一研究让人联想到我国参加国际学生评估项目（PISA）的结果，尤其是项目测评结果反映出来的中国学生心理健康问题。2018年中国PISA成绩排名全球第一，但学生用于学习上的时间也是所有参加测试的国家中最长的，且中国学生中仅有55.6%具有成长心态，即他们相信自身才华是可以随着努力而改变的。近一半的学生不具有成长心态，这一普遍的心理不健康状态令人担忧。

要注意的是，有研究者认为，莫扎特效应本质上是醒酒药效应，音乐刺激带来了个体的情绪唤醒，促进了智力测验任务表现。而事实上，音乐情绪唤醒理论从心理机制上证明了莫扎特效应的存在。音乐训练的效应要得以发挥，音乐刺激或音乐训练对个体内在情绪的影响是个关键过程。音乐刺激通过改变情绪这个中介变量，对智力、学业成绩等产生影响。虽然这个效应持续的时间比较短暂，大概持续20分钟；但是在个体成长过程中，经常反复地接受音乐刺激，逐渐影响大脑皮层及非音乐能力，短期效应会产生长期影响。总体上而言，不少研究表明，音乐刺激的情绪唤醒在音乐训练与非音乐能力间起到了中介作用。

（二）脑科学视野下的音乐教育价值研究

美国普莱纽姆出版社在1982年出版了由脑神经科学研究者共同编写的《音乐、思维和大脑——音乐神经心理学》一书，探讨了诸如韵律和节奏在脑半球的控制区域定位等问题，标志着音乐心理学向脑神经科学延伸的开始；1996年多纳德·霍杰斯（D.A.Hodgs）的《音乐心理学手册》（*Handbook of music psychology*）出版，其中有一章就题为“神经音乐研究”（*Neuromusical Research*），说明研究已向脑神经科学领域拓展。此后陆续出现了许多关于音乐与脑科学之间关系的研究，这些研究都是采用脑科学的研究方法和手段来研究音乐活动中的思维、行为和情感，因而出现了“神经音乐学”（Neuromusicology）这一新兴学科，来探索人类大脑中还未被发掘的潜在功能。

脑与认知神经科学视野下，音乐教育功能和价值定位将更加清晰，其中音乐教育对大脑可能存在的塑造作用是令研究者神往的依据。音乐作为“高级脑机能之窗”（Window of higher brain function），莫扎特效应等研究成果，激励着人们通过脑科学来实现音乐教育提高儿童思维、推理和创造能力的梦想。Peretz（2003）认为，早期音乐训练经验能改变个体听觉皮层的唤醒水平，进而提高听觉皮层对声音的表征能力。Moreno（2006）采用事件相关电位的方法，研究受过8周音乐训练的儿童与对照组儿童在识别语言音高变化方面的差异。结果发现，训练前强的不协调语言音高诱发了两组被试的晚正电位，而在训练后只有音乐组的晚正波幅减弱，表明短期的音乐训练可以对语言的音高加工产生作用。音乐具有足够的力量去影响大脑发育，用自身的旋律、节奏、音高等要素，激活并促进脑中大多数区域神经的发展，从而促进个体认知能力和社会性的发展。

1. 脑的可塑性

脑的可塑性（Brain Plasticity）是音乐教育起作用的基础。可塑性是脑的主要属性之一，是指大脑所具有的在外界环境和经验的作用下，塑造和改变自身结构和功能的能力。其中，脑的结构可塑性包括宏观和微观两个层面。从宏观上讲，这些改变体现在脑重的变化、脑皮层厚度的变化、不同脑区沟回面积的改变等方面；从微观层面上讲，脑结构的改变表现在树突长度、树突棘密度、神经元数量的改变以及大脑皮层新陈代谢的变化等方面。

关键期和敏感期两个概念之间存在迭代，也是随着脑可塑性研究而推进的。心理学中有个重要的概念叫关键期。心理学家康拉德·劳伦兹在其动物心理研究中提出关键期这个概念。他在研究鹅、鸭子的行为习惯时，有一次无意中发现初生的鹅破壳而出的瞬间，它睁开眼睛第一眼看到的运动的东西，就会认为那是自己的母亲，它会一直追随那个运动的东西。劳伦兹就总结出一个规律，破壳而出那一刹那是小鹅确认谁是妈妈的一个关键期。后来他发现其实人的很多能力也是有关键期的。他提出在人的成长过程中有些能力有培养的关键期，过了这个关键期，培养起来将事倍功半。

由此，研究者提出在音乐能力发展中也存在关键期，比如说绝对音高。在钢琴上弹出一个音，能辨别出这个音的音高，且没有任何对比，只听见一个音就能辨别出音高，这就叫拥有绝对音高。这个能力对学音乐的人来说非常难得，如果拥有这个能力，成为更优秀的音乐家的可能性会更大。普通人群中拥有绝对音高的比例很低，不到千分之一。而在音乐专业人士（职业音乐家和音乐专业学生）中占比高达 10%—15%。少数人天生有绝对音高，但是后来有研究者发现通过后天训练也能培养绝对音高，在九岁之前培养这种能力，经常去训练，实际上是可以锻炼出来的。九岁之前是关键期，九岁之后可能就非常费劲，甚至不太可能获得。因此，关键期这个概念让我们了解到，早期音乐训练的研究认为，人脑发育存在关键期，此时进行音乐训练很重要，而之后再进行训练则效果不佳甚至无效。

不过，科学研究总是不停进步，有些科学结论会被更新或者颠覆。后续的研究表明，大脑神经系统在人类生长过程中具有终生可塑性，在敏感期进行音乐训练对心理认知和神经建构具有重要的影响。但是，在敏感期之后进行音乐训练仍能提升心理认知能力并塑造大脑神经功能和结构。因此，随着对大脑可塑性认识的不断加深（尤其是成年以后大脑还有可塑性），大家慢慢摒弃了关键期的说法。

对于中小学教育而言，强调在孩童的成长阶段给予良好适宜的环境刺激，脑神经回路的建立、神经元活动的建立以及皮层的功能区都将更好地适应外界环境；若刺激过度、不足或者消极，脑的结构和功能发展将会受到严重阻碍。要充分尊重大脑的可塑性。现在神经学家们已达成共识，即神经突触连接终生都可形成，特别是海马体，在整个生命过程中都有新的神经生长现象（Dehaene 等人，1999）。大脑的终生可塑性意味着新知识的学习和再学习能在任何年龄段进行，在成人中开展智力训练也能继续获得问题解决能力、推理能力和记忆能力等，是终身学习的生理基础。

2. 音乐教育与大脑可塑性及其他认知能力的关系

音乐学习过程能使相关神经细胞间突触发生物理变化，从而使化学信号更有效地传递。这种大脑结构的变化成为大脑功能组织变化的生理基础，也即音乐行为能改变脑组织结构。大脑神经元突触结构可塑性是大脑功能可塑性的物质基础。目前，电生理学已证实突触传递效能的长时程增强现象（LTP）是学习和记忆的突出可塑性模式的体现（Venkatraman 等人，2006）。这种突触结构变化的本质是不断地给予强化和异化的适应。音乐学习主要是一种程序性知识，在听的基础上对音乐潜在内容进行描述和分析，进而增加切身体验。

研究表明，音乐学习与经验对脑皮层厚度、树突结构、树突棘数量和形状，以及脑的功能代表区等方面具有重要影响，音乐为学习者提供了同时发展多个脑神经系统并使之成熟的机会。《音乐教育神经科学》一书中提及，音乐学习经验会导致脑的改变（弗朗西斯 .H. 劳舍尔等主编，南云等译，2020）。各种功能的神经成像研究已经说明在与音乐训练相联系时大脑的结构变化，研究方法通常是将各种专业音乐家、业余音乐家和非音乐家放在一起进行比较。例如音乐家的某些大脑区域尺寸更大或灰质密度更大，存在于听觉皮层的中间部分（赫氏回）、小脑、额下回、胼质体前端和脑上顶叶皮质（Amunts 等人，1997）。另外，有证据显示，音乐训练期间胼胝体、内囊和拱形神经束中的白质髓鞘化在增加。某些功能变化在相对短暂的训练之后可以观察到（Gaab 等人，2006）。因为，音乐的各个成分经过各脑区的加工后，必然要与其他脑区发生一定的联系。一段音乐刺激经过听觉中枢的加工传递到大脑后，激发了相关的脑区功能，再经过脑区之间神经突触的相互连接及两半球之间胼胝体的作用，就能够更好地加工和识别整个音乐成分及结构。在音乐激发的相关脑区中，有的又同时负责其他的认知加工，如左侧枕叶在符号解码方面起作用，前额叶执行着对音乐信息加工、整合、协调及控制等功能。所以，各脑区彼此之间通过神经突触相互连接和作用，从而有利于整体行为水平的提高。

神经影像学的研究发现，音乐和语言在大脑中的加工有部分重叠。一些参与音乐加工的脑区，例如对听觉信息进行解码的颞横回和初级听觉皮层，同时也和语言加工有关（Meyer 等人，2002）。Peretz（2003）认为，早期的音乐训练经验能改变个体听觉皮层的唤醒水平，进而提高听觉皮层对声音的表征能力。Trainor 等（1999）认为，学习音乐的年龄和事件相关电位（ERP）的晚期成分 P3 的大小相关，音乐教育对听觉皮层的发展有实质性的促进作用。他在 2005 年对成人和儿童的 ERP 研究发现，受过音乐训练的成人，其听觉激活水平比普通人更高（Phillips & Trainor，2005）。Pantev 等人（1998）对音乐家的研究也发现了类似的结果。前文提及的 Moreno（2006）的研究表明音乐训练对语言加工的作用。

音乐刺激与脑机制及其他人类学习或思考的基本功能牢牢交织在一起，音乐具有足够的力量去影响大脑发育，用自身的旋律、节奏、音量等要素，激活并促进我们脑中大多数区域神经的发展，这些区域能够促进个体情绪感知、社会交往、自省和自我约束、个人管理、文化修养及美学鉴赏等能力的发展。

三、音乐教育对国家和社会的意义

音乐教育具有多功能的辐射作用，除了对个体的发展有重要意义，对国家和社会的发展也具有极大的价值（Jessica，2008）。后工业时代艺术产业是国家生产力的一个重要组成部分。制造业中商品的艺术成分越来越重要，文化艺术产品带来的利润在生产总值中占比越来越高。培养和提高学生的音乐素养，能促进学生创造能力和创新精神发展，促进国家人力资源建设，并提高国家生产力和竞争力。

（一）经济价值

社会发展到后工业时代，艺术产业是国家生产力的一个重要组成部分。随着人们对这一观点的认同度越来越高，音乐教育对于国家经济的价值日益受到重视。后工业社会是以服务为基础的社会，后工业时代的商品不只是汽车、电视机、计算机、通信设备和工业设备，还有批量生产的音像制品、电影、电视、书籍和互联网等文化艺术产品。正如沃尔夫（Wolf Michael）在《娱乐经济》（*The Entertainment Economy*）中所言："文化、娱乐业，而不是那些看上去更实在的汽车制造、钢铁、金融服务业，正在迅速成为新的全球经济增长的驱动轮。"（2003）

即使是制造业，也越来越强调艺术成分对产品的作用。在产品大量涌入市场的情况下，提高产品的艺术审美含量，使产品的外观包括形体、色彩、表面质感及装饰等方面给人以综合整体的艺术审美感，成为产品高消费质量的一个综合性的指标。产品的艺术审美价值作为保证产品的高消费质量的条件和手段，可以直接影响社会利益组织包括具体生产单位的经济效益。因为在产品的功效质量相同的情况下，谁的产品艺术美学质量高，谁的产品就会成为的市场的宠儿。例如，1909 年美国福特汽车公司设计并投产了 T 型流线型汽车，价廉物美，很快垄断了美国汽车市场，到 1919 年美国汽车总数 55 万辆，其中 25 万辆为 T 型汽车，为福特公司带来了巨大的经济效益。20 世纪七八十年代，日本汽车以外形新颖美观、质感精细、光洁度高的特点为各国消费者所欢迎，从而取代享有汽车王国之称的美国而雄踞世界销量第一。与此相反，因产品设计不能满足消费者审美需求而使企业败落的也不乏其例。

正因为如此，各国都非常重视艺术产品的创作及其对经济的价值，重视国民的艺术教育。一些国家积极推动艺术教育，以促进生产力的提高和国家的发展。英国是最早提出创意产业概念的国家，艺术教育被认为能促进其国家支柱型产业——创意产业的发展，艺术能直接促进生产力，带来经济效益。英国的创意产业早在 1980 年已成为年收入达 170 亿美元的大产业，仅次于汽车工业，平均发展速度是整个经济增长率的近两倍，从业人员占全国总就业人数的 5%。2000 年前后，在英国，文化产业已经成为仅次于金融业的第二大产业。（陈美华、陈东有，2012）

我国文化产品出口在对外文化贸易市场中仍占主要份额，对外文化服务贸易体量快速增长，文化领域各大行业对外贸易发展趋势持续向好。其中，中国广播影视行业、游戏行业、图书版权行业对外贸易发展势头强劲，但艺术品行业和动漫行业对外贸易竞争力有待加强。随着我国文化产品和服务出口质量不断提高，出口产品的内容愈加贴合海外市场需求，文化产业对外贸易总额持续翻番。2018 年，我国文化产品和服务进出口总额达 1370.1 亿美元，同比增长 8.3%。其中，文化产品进出口总额 1023.8 亿美元，同比增长 5.4%；文化服务进出口总额 346.3 亿美元，比 2017 年增长 17.8%。对外文化贸易总体规模增长迅速，文化贸易市场有序健康发展。（李小枚、李嘉珊，2020）

2019 年，中国对外文化贸易总体上呈现稳定的增长趋势，文化产品进出口贸易总额约为 1114.5 亿美元，同比增长 8.9%。其中，文化产品贸易出口总额约为 998.9 亿美元，出口同比增长 7.9%；进口总额约为 115.7 亿美元，进口同比增长 17.4%。（李嘉珊，2020）

虽然近几年来我国文化贸易发展现状乐观，但仍有许多问题需要解决，需加大政策扶持力度，建立文化贸易统计制度，打造一批有品牌、有竞争力的艺术文化企业等。从音乐教育的角度来讲，要提高我国的文化产品质量，最基本的工作是从孩子抓起，大力提升学生的艺术素养。

（二）对国家人力资源建设的意义

从国家发展战略的角度来讲，音乐素养对劳动力培养具有重要作用。音乐教育可以拓宽学生发展渠道，可以使学生在声乐、器乐等方面得以发展，学到一技之长，为国家和社会培养大批的、各种特长的、适应社会需要的合格人才。中小学生音乐素养的培养和提高不但有助于传承和弘扬民族优秀文化，而且有助于构建和谐社会，有利于我国人力资源建设，并且提高国家生产力和竞争力。

很多西方国家普遍重视音乐教育，非常重视通过音乐教育培养学生的创造能力和创新精神。

在英国，艺术教育（音乐教育是其中非常重要的一部分）被认为能促进其国家产业的发展，艺术能直接促进生产力，带来经济效益，是“创意产业”。作为第一个提出“创意产业”的国家，英国从 1999 年开始，启动了“创造与合作工程”，该工程旨在通过综合艺术教育来激发和培养学生的想象力、创造力。2007 年 12 月 11 日，英国儿童、学校与家庭部官网公布了英国教育与儿童事业发展的十年规划《儿童计划》，明确提出加强儿童的艺术教育，培养儿童的创造力，以期为创意产业培养更多有创造性的人才。英国在基础教育阶段设置各类艺术课程，培养青少年儿童的艺术鉴赏力和创造力；并推出创意人才培养的系列举措，加强公共艺术教育和博物馆艺术教育，包括举行各类创意人才活动，对青少年儿童免费开放各类博物馆和艺术馆。英国通过国家政策多路径推动国家创意产业的发展。

当代美国对音乐、舞蹈等艺术教育重要性的警觉可以说是源于对国家竞争力的考虑。20 世纪 60 年代，美国在分析其与前苏联的科学技术竞争失败的原因时指出，在文化艺术方面的落后是导致科学技术落后于前苏联的主要原因。1967 年，哈佛大学创立零点项目。多年来参加零点项目的科学家超过百名，主要负责人之一的心理学家霍华德 · 加德纳创立了多元智能理论，提出人的智力是多元的，艺术思维与科学思维同样重要，是重要的认知方式和人类智能。其中音乐智能（Musical Intelligence）也是一种重要的认知方式和人类智能。他们在 100 多个公立和私立学校做实验，有的从幼儿园起连续追踪几十年。他们的研究成果促使美国国会于 1993 年 3 月通过了克林顿政府提出的《2000 年目标：美国教育法》，在美国历史上第一次将艺术与数学、历史、语言、自然科学并列为基础教育核心学科；同时规定，同其他核心学科一样，艺术学科要制定国家教育标准，并纳入“国家教育进步评价体系”。1994 年美国颁布了《艺术教育国家标准》，将艺术（包括音乐、视觉艺术、舞蹈和戏剧等）确定为基础教育的核心学科，给予艺术与语言、数学和科学等其他七门核心学科同等的地位（刘沛，1998）。截至 2000 年，美国已经有 20 个州对学生毕业有艺术方面的要求。1997 年、2008 年和 2016 年美国开展了艺术教育进展评估，对中小学的艺术教育进行了全国性评估。

法国非常重视艺术教育，1987 年法国国民议会就通过了《艺术教育法》，决定大幅度提高对艺术教育的投入，十年里为艺术教育投资 19 亿法郎，并设立法国艺术教育高级委员会，同时决定把每年的 5 月 18 日至 23 日定为法国中小学艺术周，以切实加强艺术课程在学校教育中的地位。（郭声健，2004）

我国相关政府部门及其出台的相关教育政策及法规都非常重视儿童和青少年的艺术教育。中共中央、国务院 1999 年 6 月颁布的《关于深化教育改革全面推进素质教育的决定》中明确指出：“美育不仅能陶冶情操、提高素养，而且有助于开发智力，对于促进学生全面发展具有不可替代的作用。要尽快改变学校美育工作薄弱的状况，将美育融入学校教育全过程。中小学要加强音乐、美术课堂教学……开展丰富多彩的课外文化艺术活动，增强学生的美感体验，培养学生欣赏美和创造美的能力。”为落实我国德、智、体、美全面发展的教育方针，针对美育长期以来相对薄弱的问题，教育部相继颁布了《全国学校艺术教育发展规划（2001—2010 年）》、《全国农村学校艺术教育改革和发展研究实验方案》（2000）、《学校艺术教育工作规程》（2002）、《国务院办公厅关于全面加强和改进学校美育工作的意见》（2015）等一系列政策文件，并落实相应的工作，指导全国学校美育工作的具体实施。尤其值得关注的是，2020 年 10 月 16 日，中共中央办公厅、国务院办公厅发布《关于全面加强和改进新时代学校美育工作的意见》，提出将美育纳入各级各类学校人才培养全过程，贯穿学校教育各学段，培养德智体美劳全面发展的社会主义建设者和接班人。并提出目标：到 2022 年，学校美育取得突破性进展，美育课程全面开齐开足，教育教学改革成效显著，资源配置不断优化，评价体系逐步健全，管理机制更加完善，育人成效显著增强，学生审美和人文素养明显提升；到 2035 年，基本形成全覆盖、多样化、高质量的具有中国特色的现代化学校美育体系。

总之，音乐教育具有多功能的辐射作用，无论是对学生一生的发展，还是整个国家和社会的进步都具有极大的价值。

第二章
音乐能力测验及基本音乐能力分析

音乐素养包含的内容很丰富，不同的研究者有不同的观点。Hallam（2002）对三百多名不同职业的被试进行调查实证研究，发现音乐素养涉及五个方面的内容：听觉技巧、接受性的反应、生成的技能、综合技能以及个体因素。其中，每一个方面都包含许多具体的技能，它们不仅涉及音乐的听觉、体验、理解、评价、演奏、创作等方面，而且强调个体因素，诸如元认知、动机、兴趣等。加德纳（2008）认为音乐智能包括音乐演奏、创作、欣赏方面的技能。美国国家教育进展评估（The National Assessment of Educational Progress，NAEP）（1997，2008）在测查音乐时，对音乐做了如下界定：音乐是一种以声音为传播媒介的艺术表达形式，使用一套独特的符号。音乐过程包括创作（作曲和即兴创作）、表演（演奏、演唱和指挥）和反应（听赏、律动、分析和批评）。音乐表演要求学生具备综合发展的智力 / 认知技能、情感技能和心理运动技能。

无论研究者怎样界定音乐素养的内涵，音乐能力是音乐素养的一个有机组成部分，这一点毋庸置疑。学生的音乐能力与其整体的音乐素养之间是相互作用、相得益彰的关系：一方面，音乐能力的不断发展、提高，可以促进音乐素养的不断完善和提高；另一方面，音乐素养的不断完善和提高，又可以促进音乐能力的进一步发展和提高。由此便可以形成一种良性循环。正是在这个意义上，要探讨和测查作为个体修养或素质的音乐素养，不能仅仅停留于精神或意识层面，还需要在现实中具体落实、实现。这就需要很多东西的支撑，对各种基本音乐能力的分析可以说是其中的重要环节。

20 世纪前七十年间，国外音乐能力的研究呈现出“欣欣向荣”的景象，主要体现在对音乐能力的测量上，当时相继涌现出一批有关音乐能力和音乐成就的测验。我们首先回顾一下这些音乐能力测验以及近期学术研究中学者使用音乐能力测验的情况，以期为音乐学科基础教育质量监测提供借鉴。

一、经典音乐能力测验简介

本研究收集了已有经典音乐能力测评工具信息，并检索了目前学术研究中研究者自行开发的音乐测评工具，对经典工具的测评结构和维度、信效度、适用对象等信息进行了初步的分析和整理。由于目前学术研究中自行开发的工具信效度没有得到广泛论证，此处只列出经典工具的情况（参见表 2-1）。下面介绍其中几个较为经典的音乐能力测评工具，并考察其音乐能力观念以及测验本身存在的问题和不足。

（一）西肖尔音乐才能测验

音乐能力测验的先驱人物是美国的西肖尔（C.E.Seashore）。经历了二十多年深入的实验研究，西肖尔在 1919 年出版了第一个标准化音乐能力测评工具——西肖尔音乐才能测验（Seashore Measures of Musical Talents）。这个音乐能力测验是典型的心理物理学性质的实验室测验，可以说是最早发展且被广泛使用的音乐潜能测验，在 1939 年、1960 年进行了两次修订。测验包含音高、音强、节奏、音长、音色以及音调记忆 6 个子测验：

（1）音高测验，共 50 对音，频率在 17—2 赫之间变化。要求辨别每对音中，第二个音比第一个音高还是低。

（2）音强测验，共 50 对音，强度在 4.0 到 0.5 分贝之间变化。要求辨别每对音中，第二个音比第一个音强还是弱。

（3）节奏测验，共 30 对节奏型。要求辨别每对节奏型是否相同。

（4）音长测验，共 50 对，从 0.30 到 0.05 秒之间变化。要求辨别每对音中，第二个音比第一个音长还是短。

（5）音色测验，共 50 对，每一个音包含基音和前面五个泛音，第三和第四个泛音的强度发生变化。要求辨别每对音是否相同。

（6）音调记忆测验，共 30 对音序列，要求辨别第二次与第一次是否不同，如果不同，是哪一个音不同。

西肖尔认为，在理想的实验室条件下，测验将获得一个超过 0.90 的信度系数，但测验使用者报告的信度系数没有这么高。在测验效度方面，只有音高测验与音调记忆测验的效度较理想，其他的测验效度都很低。该测查形式比较单一，容易引起被试的厌烦感。（Boyle & Radocy，1987）

尽管西肖尔承认音乐感知和表演是非常复杂的，但他认为，该测验测量了他心目中的基本音乐潜能。这些能力就是一组孤立的、相互没有联系的、仅与基本听觉辨别技巧相关的能力。这些分测验的成绩不能合并成一个关于音乐能力的总成绩。后来有很多学者模仿西肖尔测验建构自己的音乐测验，当然也有研究者对他的理论提出了批判。莫塞尔（J.L.Mursell）强烈质疑西肖尔的“原子论”的能力测量与真正音乐活动中的能力相关，他指出音乐活动所依赖的心理能力是一个有机的综合体。事实上，西肖尔对音乐能力的界定构成范围很广，共包含五个方面的 25 项内容。五个方面包括：音乐敏感性、音乐行为、音乐的想象与记忆、音乐智力以及音乐情感。这个界定中，除了

音乐基本能力，还包含其他丰富的内容。（周世斌，2006）

（二）夸尔瓦瑟—戴科玛音乐能力测验

夸尔瓦瑟—戴科玛音乐能力测验（Kwalwasser-Dykema Musical Test），简称K—D音乐测验，在1930年出版，由Kwalwasser和Dykema共同编制，内容包含10项能力测验，共计275题。分测验题目均依简单到困难的逻辑顺序编排，分别说明如下：

音高辨别（Pitch Discrimination）：全部测验的第一音与最后一音之音高相同，只有中间音有变化或不变，要比较每题两组音的音高之异同；

音色辨别（Timbre Discrimination）：比较每一题的两组音，是否由相同或相异的管弦乐器演奏；

音强辨别（Intensity Discrimination）：每题均事先弹单音再加和弦，比较两组音力度的异同；

时值辨别（Time Discrimination）：每一题连弹三个音，要受试者判断此三个音长度之异同；

节奏辨别（Rhythm Discrimination）：本测验旨在测量受试者在一系列节奏配对中分辨出实音与休止符的能力；

音调记忆（Tonal Memory）：每组含四至九个音，比较每题的两组曲调是否相同；

音调变化（Tonal Movement）：每题先弹前面四个音，受试者由前面四音的进行，再判断第五音应该是升高或降低；

旋律鉴赏（Melodic Taste）：每一题两组曲调，前半部是相同的，后半都不同，受试者要判断何种曲调配置较佳；

音高意象（Pitch Imagery）：受试者根据乐谱，分辨录音的音高是否与乐谱相同；

节奏意象（Rhythm Imagery）：受试者根据作答纸上的记谱，与录音的节奏比较其相异或相同。进行此测验时学生具备读谱能力，故此测验为音乐成就测验。

这个测验的优点是题目较广泛、有趣，较具音乐性，且都有题号，通过此测验可测出受试者细部的音乐分项能力，受被试喜欢。测试题目录在小录音机中，便于进行。在手册中亦有4—6年级、7—9年级，以及10—12年级常模。

（三）高登音乐能力倾向测验（MAP）

高登从事音乐能力测量评价和音乐学习理论的实验研究，并以其研究成果为基础，投身音乐教育的实验和教材的开发，建立了高登音乐学习研究所（Gordon Institute of Music Learning，见附录研究所主页）。其教育理念是：音乐习得如同语言学习一样，要具有逻辑性；强调聆听的重要性；强调音乐语境的营造和创设；注重培养音乐听觉思维，强调音乐学习中“Audiation”的作用和意义。高登开发了一系列音乐潜能测评工具，在目前应用较为广泛：初级音乐表象测量（Primary Measures of Music Audiation, PMMA）；中级音乐表象测量（Intermediate Measures of Music Audiation, IMMA）；高级音乐表象测量（Advanced Measures of Music Audiation, AMMA）；音乐能力倾向测验（Musical Aptitude Profile, MAP）；前和声即兴能力测验和前节奏即兴能力测验（Harmonic Improvisation Readiness Record and Rhythm Improvisation Readiness Record）。

高登将其所有出版物及其搜集的文献都存放在南卡罗来纳大学（详见其网址）。其中，除了高登自己开发的工具，还有大量前人开发的音乐才能测评工具。这里以音乐能力倾向测验（MAP）为例。

音乐能力倾向测验内容丰富范围广，测验手册说明完整，有4到12年级的常模，测验时间需 110 分钟。共有三组测验：音调表象（Tonal Imagery），节奏表象（Rhythm Imagery），以及音乐敏感性（Musical Sensitivity）。分别介绍如下：

（1）音调表象测验：包括旋律（Melody）、和声（Harmony）。旋律方面共有 40 题，请受试者指出在第二次中附加的装饰音如被去掉，是否与第一次相同。和声方面，小提琴奏出高音部分，大提琴奏出低音部分，测验问受试者：低音部分第二次附加的装饰音如被去掉，是否与第一次相同。在高音部分的小提琴旋律，40 题中第一次与第二次所演奏的均相同，只有大提琴部分不同。

（2）节奏表象测验：包括速度（Tempo）与节拍（Meter），全部由小提琴奏出声音，第一次速度保持一定，第二次演奏可能会有渐快、渐慢或速度不变三种情形，受试者要指出第二次是否与第一次相同，共有 40 题。节拍部分 40 题，受试者要指出第二次的节拍是否与第一次相同。

（3）音乐敏感性测验：包括乐句（Phrasing）、均衡性（Balance）、风格（Style），乐器采用大提琴及小提琴两种，要指出两次的音乐哪种更好；在平衡性与风格部分只用小提琴演奏，乐句测验在结尾旋律与节奏两次都不同，风格测验则两次演奏速度不同。

本测验在信度方面介于 0.66 到 0.85；效度方面在 4 年级混合总分的效度是 0.96，11 年级是 0.96。此测验是音乐性向测验中最完整的，其特色是用弦乐器录制题目，请著名的音乐演奏家录制测验题；但有研究者批评测验太复杂，时间太长。

表 2-1 收集了 41 个测评工具。从中可以看出，不同的研究者在测查音乐能力时，侧重于不同的内容，但是所有这些测验又有很多共性。下面将从共性分析中，探讨基本音乐能力应该包含哪些内容。

表 2-1　经典音乐能力测验法汇总

序号	测验名称	开发者及时间	测验内容	测验信效度	测验时间	常模	适用对象
1	斯图姆夫音乐能力倾向测验	卡尔·斯图姆夫，1883	音高判断；模唱；协和度	已有研究表明能有效区别有经验的音乐家和无音乐训练经验的学生。	不详	非标准化测验	不详
2	瑞孚兹（Reeves)音乐能力倾向测验	瑞孚兹	节奏；音域音高；旋律；和声	用7—12岁的儿童做的实验表明，与听能成绩的相关为0.77，与音高测验的相关为0.60。节奏测验信效度最佳。	不详	非标准化测验	不详
3	西肖尔音乐才能测验	卡尔·爱弥尔·西肖尔，1919，1940	音高、音强、节奏、音长、音色、音调记忆	所选择的刺激材料与真正的音乐材料有较大差异。其他研究者发现效度较差。但西肖尔本人认为信效度较好。	25 分钟	有	小学四年级以上及成人
4	萧恩（Schoen)音乐能力测验	萧恩	音高；节奏；音调程序	不详	不详	非标准化测验	不详
5	劳莱音乐能力测验	劳莱	终止式；音调记忆；乐句	从 130 名年龄在 12—14 岁的女孩所获得的测试成绩看，结果相当令人满意。	不详	非标准化测验	不详
6	曼瓦林（Mainwar-ring)音乐能力测验	曼瓦林	音高差异知觉；节奏模式；回忆	不详	不详	非标准化测验	不详

（续表）

序号	测验名称	开发者及时间	测验内容	测验信效度	测验时间	常模	适用对象
7	曼迪生（Madison）音乐能力测验	曼迪生	音调想象	1956 年克里斯蒂在印第安纳大学音乐学院的记录中获得了理想的结果。可以客观地测量音乐理论课中所教的普通音乐知识。	不详	非标准化测验	不详
8	夸尔瓦瑟—戴科玛音乐能力测验	夸尔瓦瑟、戴科玛，1930	音高；音色；音强；时值；节奏；音调记忆；音调变化；旋律鉴赏；音高意象；节奏意象	该测验的分半信度和再测信度都较低。从整体看其测量效度很低。难度太低，区分度不高。	1 小时	有	4—12 年级学生
9	维达（Vidor）音乐创造能力测验	维达，1931	旋律创作能力	不详	不详	不详	不详
10	凡太（Vater）音乐创造能力测验	凡太，1934	旋律创作能力	不详	不详	不详	不详
11	俄勒冈辨别测试	凯特·赫夫涅（kate Havner），1930，1935，1971，1978	音乐欣赏能力	所有三个改编本的信度数均在 0.80 以上。俄勒冈测试与西肖尔、温格测试的相关性较高。	不详	不详	不详
12	惮纳第（Zenatti）儿童音乐能力测验	惮纳第	旋律；音乐审美	测验和再测验的信度是令人满意的。惮纳第进行了追踪研究，以确立她的测验的效度。	不详	不详	适用于智障成人或4—7岁儿童

（续表）

序号	测验名称	开发者及时间	测验内容	测验信效度	测验时间	常模	适用对象
13	伦汀（Lundin）音乐能力测验	伦汀，1944，1949	音程，转调，旋律，节奏顺序和一类和声分析	不详	不详	非标准化测验	不详
14	德雷克音乐才能测验	德雷克，1954	音程辨别；音调记忆；直觉；节奏平衡感	信度测试多为 0.90。效度系数多为 0.58 左右，预测效度优于西肖尔或 K—D 测验，突破了西肖尔建构音乐测验的心理物理学思路。	40 分钟	有	7—8 岁儿童至大学生
15	温格标准化音乐智力测验	赫伯特·温格，1939，1957，1960，1961	和声分析；音高改变；曲调记忆；节奏重音；和声；音强；乐句	研究文献一般表明其信效度良好。测试结构好，不同年龄水平均经过标准化。	约 1 小时	有	8—17 岁青少年或成人
16	笛尔森—格莱兹音乐能力倾向测验	笛尔森，1941	音高；音强；时值；音调记忆	全套测验信度为0.88。效度良好。	30 分钟	有	4 年级以上的中小学生
17	夸尔瓦瑟音乐才能测验	夸尔瓦瑟，1953	响度辨别力；音高辨别力；节奏辨别力；时值辨别力	据其他学者的研究报告，这套测验信度不高。效度在其他研究报告中也很低。	10—15 分钟	有	4—12 年级学生
18	富兰克林音乐测验	富兰克林，1956	审美感；节奏感	一个 15 分钟测验的信度是很高的。与教师的评定相比较，效度系数是 0.51。	不详	不详	不详
19	米勒（Mueller）音乐测验	米勒，1956	音乐欣赏	信度是0.80。与音乐训练的相关是0.56，与兴趣的相关为 0.70。	不详	不详	不详

（续表）

序号	测验名称	开发者及时间	测验内容	测验信效度	测验时间	常模	适用对象
20	哈夫瑞（Hoffren）音乐表情作业测验	哈夫瑞，1964	音乐表情，判断音乐表演的表现力	测验的信度系数是 0.53 至 0.66。效度较好，音乐家的成绩明显高于接受音乐训练不多的被试。	不详	不详	不详
21	克里克莫尔音乐测验	利昂·克里克莫尔（Leon-Crickmore）	对音乐审美反应的定量测试	没有显示测验的再测信度。	不详	不详	不详
22	柴克瑞（Thackray）	柴克瑞	节奏	信度令人满意。	不详	不详	8—18 岁
23	高登音乐能力倾向测验	埃德温·高登，1965	音调表象；节奏表象；音乐敏感性	测验整体信度系数为0.90—0.96。研究结果趋于肯定该测验的效度质量。	每部分 50 分钟，共 150 分钟	有	10岁以上儿童及成人
24	本特利（A.Bently）音乐能力测验	本特利，1966	音高辨认；音调记忆；和弦分析；节奏记忆	全部再测信度系数为 0.84。对于评价 14 岁左右儿童的潜在音乐能力具有较高效度。	需 20-30 分钟	有	7—14 岁
25	戴维斯音乐综合能力测验	戴维斯，1971	音高测验；旋律测验	有相当高的信度，区分度较高。	不详	不详	不详
26	凯·卡玛（Kai Karma）组织音乐材料的能力测验	凯·卡玛	不详	信度系数为 0.60—0.80。	不详	不详	不详
27	蕃加（Vanghau）音乐创造性测验	蕃加，1977	节奏创作；旋律创作	信度系数为 0.67—0.90。	不详	不详	7 岁以上儿童及成人

（续表）

序号	测验名称	开发者及时间	测验内容	测验信效度	测验时间	常模	适用对象
28	萨金特（Sergeant）音乐测试	萨金特，1979	音高判断	信度系数为 0.76。	不详	不详	6—9岁儿童
29	戈德音乐发散性思维测验	戈德，1980	旋律创作（维度：流畅性、灵活性、精巧性、独创性、音乐的吸引力）	与其他音乐能力测验相比相关很低。	20 分钟	不详	具有基本音乐能力的初中生
30	音乐听力测验	Stankov & Horn，1980	不详	不详	不详	不详	不详
31	纳斯音乐成就测验	纳斯，1936，1967	旋律听辩；节奏听辩；读谱能力	分半信度为 0.92。效度良好。	45 分钟	有	3—12 年级学生
32	阿利费利斯（Alferis）音乐成就测验	阿利费利斯，1954	旋律测试；节奏测试；和声测试	测验成绩的好坏与在学院里学习时音乐成绩的高低有相关。是一个很完善的一般音乐能力倾向的诊断测验。	不详	有	不详
33	科尔威尔（Colwell）音乐成就测验 (MusicAchievementTest，即 MAT)	科尔威尔，1969，1970	音高辨别；音程辨别；大小调；调中心感觉；听视辨别；音调记忆；旋律识别；音高识别；音乐风格识别；音乐听辨；和弦识别；终止式识别	信度分别是 0.88，0.94，0.90，和0.90。内容效度以当时音乐教科书的教学目标和学校音乐教育权威人士的意见为基础。	测试一 25 分钟；测试二 35 分钟；测试三 39 分钟；测试四 45 分钟	有	4—12 年级学生

（续表）

序号	测验名称	开发者及时间	测验内容	测验信效度	测验时间	常模	适用对象
34	西蒙斯音乐听辨技能测量	西蒙斯，1974	听辨旋律进行方向；听辨旋律进行特点；共鸣铃演奏；和弦听辨；节拍听辨；音型听辨；节奏性听辨；力度听辨；速度听辨	测验信度系数为0.62—0.79。效度较好。	57 分钟	有	幼儿园到小学三年级儿童
35	西尔弗·伯德特音乐能力测验（Silver Burdett Music Competency Test）	科尔威尔，1979	节奏听辨；调式听辨；曲式听辨	再测信度 0.69—0.94。效度系数 0.90 左右。仅与西尔弗·伯德特出版社的音乐教科书相配套使用。	未知	有	1—6 年级学生
36	初级音乐表象测验	埃德温·高登，1979	音调；节奏	测试在幼儿园孩子中应用有着较好的信度。效度较好。	20 分钟	有	5—8 岁儿童
37	中级音乐表象测验	埃德温·高登，1982	音调；节奏	信度系数为0.70—0.88。效度较好。	20 分钟	有	1—4 年级学生
38	前和声即兴能力测验和前节奏即兴能力测验	埃德温·高登，1998	和声即兴能力；节奏即兴能力	信效度较好。	2 个分测验，每个 20 分钟	有	适用于 3 年级到音乐研究院的学生
39	音乐能力测验	埃德温·高登，1965	音调意象（旋律、和声）；节奏意象（速度、节拍）；音乐感受（乐句、平衡和风格）	信效度较好。	3.5 小时	有	4—6 年级、7—9 年级、10—12 年级学生

（续表）

序号	测验名称	开发者及时间	测验内容	测验信效度	测验时间	常模	适用对象
40	高级音乐表象测量	埃德温·高登，1989	音调；节奏	信效度较好。	20 分钟	有	7年级—大学学生
41	MBEA(The Montreal Battery of Evaluation of Amusia)	Peretz，Champod，Hyde，2003	音阶识别；异形轮廓音高识别；同轮廓音高识别；节奏；节拍识别；旋律再认	重侧信度 0.7。目前还没有统一的效度。	30 分钟左右	有	主要用于失乐症成人患者

二、基本音乐能力概念界定及其测量分析

（一）基本音乐能力概念界定

基本音乐能力主要指个体的音乐潜能或能力（Music Aptitude and Ability）。对其进行测量和预测，是音乐心理学中一直以来的研究主题，也是音乐教育质量监测及很多音乐教育评估的内容之一。要测量基本音乐能力，需要知道音乐测验对音乐潜能和能力的界定。

“潜能”又称性向、天赋等，指的是获得某种成就的潜在可能性或能力。音乐潜能是基因遗传加上未经音乐教育的音乐技能成熟的结果（Radocy & Boyle，1979）。那些被认为能够预测将来的音乐成就的，而且不需要正式音乐知识的内容，都是音乐潜能测验的可能原材料。Karma（1976）将音乐潜能定义为对声音要素的建构能力。Steven（1987）认为音乐潜能是音乐的潜在能力，音乐潜能高，音乐成就未必高，此种潜能会受环境中的种种因素影响，未必会显露出来。但是在有利的情况下，音乐潜能高的人可能具有高音乐成就。高登（1986）也认为，音乐潜能是一项个人内在天赋与早期环境交互作用下的结果，是个体学习音乐的基础，是音乐成就的基础。

能力是在知识与技能掌握的基础上，通过学习的迁移，将获得的知识与技能概括化、系统化的过程中形成的。能力在原则上属于经验的范畴，是系统化、概括化了的个体经验，而这些个体经验即为个体已掌握了的知识和技能。

基本音乐能力既包含潜能，也包含能力。因此，基本音乐能力既受先天遗传的作用，又受后天教育的影响，遗传和教育对其作用不可分割。个体基本音乐能力的发展也在一定程度上体现了学校音乐教育的作用。音乐

学科进行教育质量监测，基本音乐能力是必不可少的监测内容之一。

此外，基本音乐能力是个体音乐素养终身发展的能力基础。音乐教育评价其最终目的之一，是为了评价个体终身发展的能力，考察音乐教育为培养个体终身发展能力的实现状况。因此，从这个角度而言，基本音乐能力也是音乐学科教育评价必不可少的内容之一。

基本音乐能力应该测量什么？本研究首先从音乐本身出发，分析音乐的构成；据此进一步辨别、理解各个音乐构成的认知能力，分析基本音乐能力元素。音乐有声音基本要素和音乐组织形式两个方面的内容，声音基本要素包括音高、音强、音色和音长；音乐组织形式包含节奏、节拍、速度、旋律（音调、曲调）、调性、调式、曲式、音程（和声、和弦）、句式等。如表 2-2 所示。

表 2-2　音乐构成

音乐构成	
声音基本要素	音高、音强、音色、音长（时值）
音乐组织形式	节奏、节拍、速度、旋律（音调、曲调）、调性、调式、曲式、音程（和声、和弦）、句式等

既然音乐是听觉艺术，音乐家理应能够对声音要素的细微差异进行辨别。对音高、音强、音长（时值）、音色的听觉辨别能力是音乐潜能测验当中富有成效的测量内容。在理想的听觉条件下，个体能够辨别相当小的音高差异，例如能辨别出 0.5% 的频率上的细微变化（Zwicker、Flottorp & Stevens，1957）。当然，个体在音高上的差异阈限并不是恒定值，它会随着声音的频率、强度、时值和改变频率的变化而变化。音强是对音的强弱的感知。音色包含了相当多的维度和内涵，个体能够辨别相当广泛的音调差异。相对而言，音长的差异容易被辨别。

音乐潜能测验研究者多主张对以上这些听觉属性进行逐对比较，以考察个体在音乐潜能上的差异。其中西肖尔，美国艾奥瓦大学的心理学家，在20世纪20—30年代对音乐能力进行了开创性的研究。1938年他提出音乐知觉的模型（见表2-3），用以描述在感知音乐声音的过程中，物理和知觉变量之间的关系。

西肖尔早在1919年就提出，音乐能力倾向可以通过测量个体对声音在各个物理属性的敏感性来获得，这些敏感性体现了音乐的基本能力，包括音高、音强、音色和音长（多纳德·霍杰斯，2006）。后来，他又进一步提出，识别音高、音强、音色、旋律、节奏以及音乐记忆是人的基本能力，这些能力是获得音乐能力全面发展的基础（周世斌，2006）。

表2-3　西肖尔音乐知觉模型

物理	知觉	音感的干线
频率	音高	音调
振幅	音强	力度
信号形	音色	性质
时间	音长	时间

比起上面提及的音高、音强等音乐要素差异辨别任务，音乐记忆（Tonal Memory）任务是一个更加具有“音乐特性”的任务（Boyle & Radocy，1987，p139—142）。Farnsworth（1969）提出，众多音乐能力测验编制者一致认为音乐记忆在测查音乐能力的时候需要更多的关注和重视。音乐记忆不是对某些音乐要素如音高、时值的记忆能力，而是指对音乐识别所必需的音乐轮廓或形式进行整体记忆的能力。事实上，就熟悉曲调的记忆而言，对某些音调细节（如音高、时值）的记忆，远不如对整体上音调轮廓的记忆更重要。

总结以往文献以及大量的经典音乐能力测量工具，可以得到如下结论：基本音乐能力包括个体对几个最重要的音乐构成部分（音高、音强、音长、音色、节奏和旋律）的感知辨别能力，以及音乐记忆能力。

除了整理经典测量工具，本研究还检索了学术研究中研究者自行开发的音乐测评工具，包含了音乐能力测评工具，但学术研究中的工具往往信效度信息不全，没有得到广泛论证，因此没被纳入这次的基本音乐能力分析中。各音乐构成成分在本研究收集的41个音乐能力测验（见表2-1）中被测查到的次数如表2-4所示，音高、旋律被测量得最多，节奏和音乐记忆位于其次。

表 2-4　基本音乐能力

一级指标	二级指标	重要性	被查次数
音高	不同音域感知能力；绝对音高、相对音高	音乐重要的基本要素之一。没有音高，就没有旋律感，音乐缺少表现性和丰富度。	16
音强		音乐四要素之一，是音乐的物理振幅对应的心理感觉，影响音乐的情绪表现。	6
音长		音长是音乐的基本要素之一。对音长的感知会影响个体对节奏、旋律的感知。	5
音色	发声体；色彩	影响音乐的色彩（明亮、暗淡、柔和、尖锐、刺耳）。	3
节奏	平均节点；前松后紧；前紧后松；切分；休止	节奏是音乐必不可少的组织形式。 从音乐起源上来讲，节奏是最早形成的音乐组成部分。	12
旋律	旋律线；旋律长短；节拍；音高；情绪；调性	是音高的组织形式。建立在调式和节拍的基础上，由高低、长短、强弱不同的乐音按一定的序列组织起来的单声部进行的线条。 旋律具有表情性，激起某种情感的反应，引起人心理上的共鸣。甚至被认为是音乐的灵魂和基础。	16
音乐记忆		是音乐能力全面发展的基础。	10

注：此处参与分析的音乐测量工具一共有41个，这些工具是研究者收集的经典音乐测量工具。

（二）基本音乐能力测量分析

下面，我们对基本音乐能力的重要性及已有工具中的测量方法进行分析和总结。

1. 音高

（1）重要性

音高指的是发音体的振动频率的高低。音高是用每秒钟的振动次数来表示的，频率高则音高，频率低则音低。音高是音乐的基本要素之一，在音乐表现中具有重要意义。例如一首歌曲，不管是由人声演唱还是乐器演奏，无论声音是小是大，也不管采用什么调，音的强弱及音色有了变化，但只要音高线不变，这支歌的旋律依旧。可是，如果这首歌的音高有改变的话，则音乐的感受就会受到严重的影响。可见，音高对一段旋律的重要性。同时，音高和音准是不可分的，培养音准其实就是要培养准确的音高感。

（2）二级指标

音高的范围可通过音区进行划分：高音区（明亮、高亢）；中音区（柔和、舒缓）；低音区（浑厚、深沉）。

（3）测验工具和测验形式

测验工具和测验形式参见表 2-5。

表 2-5　音高测验工具和测验形式

序号	音高测验工具名称	测验形式
1	斯图姆夫音乐能力倾向测验：音高判断	在钢琴上弹一个音，要求被试唱出这个音符；先后弹出两个音，要求被试判断哪一个音高；判断其和谐悦耳的程度。
2	瑞孚兹音乐能力倾向测验：音域音高测验	采用“音域音高”（regional pitch）测验，（一种类似绝对音高的测验）。G 2 和 A 3 之间有 8 个音，以不规则的次序在钢琴上弹出来，要被试在钢琴上找出每一个音符。
3	西肖尔音乐才能测量：音高	给被试一对音，让其比较第二音是否高于第一个音。共 50 对音。以 RCAVictor 录音室的新技术，运用电子制音机制造音色，把不同的音高、音强、音长与音色录制出来，用机器来控制这种测验。
4	萧恩音乐能力测量：音高测验	在相对音高测验中，被试须比较 100 对音程，并说出第二对音程的间距比第一对大还是小。
5	曼瓦林音乐能力测验：音高差异知觉测验	不详
6	K—D 音乐测验：音高及音高意象	音高：共 40 项。每次只呈现一个音，持续 3 秒，辨别音高是否发生变化。 音高意象：只针对可以读乐谱的被试，让其比较所听到的录音与谱子上的音高是否一致。
7	温格标准化音乐智力测验：音高改变测验	弹奏和弦，让被试判断第二个和弦的音高是否发生变化。
8	笛尔森—格莱兹音乐能力倾向测验：音高测验	共 25 项。与西肖尔的音高测验类似。要求听辨每两个音中的第二个音比第一个音高还是低。第一个音均为标准音 440 赫，第二个音与之相差 20-4 赫。发音体为实验室簧哨。

（续表）

序号	音高测验工具名称	测验形式
9	夸尔瓦瑟音乐才能测试：音高辨别力	每个题由一对三音型组成，其中一个音型在音高上可能有变化，音高差别范围是5—70音分，答案为二择一。发声体均为实验室电声装置，以控制测验变量的单一性。
10	音乐能力测量（Measures of Musical Abilities）：音高辨认	不详
11	戴维斯音乐综合能力测验：音高测验	不详
12	萨金特音乐测试：音高判断	不详
13	比奇音乐测验（Beach Music Test）：音高辨别	听辨并指出一组音中最高和最低的音，共4个两音组和2个三音组。
14	夸尔瓦瑟—鲁斯音乐成绩测验（Kwaluasser-Ruth Test of Musical Accomplishment）：熟悉旋律音高错误辨别	试题为《美利坚》的乐谱，F调，要求找出该曲5小节中的音高记谱错误。
15	科尔威尔音乐成就测验：音高辨别测验	含2个子测验，测验A要求听辨15对音中哪个音较高或较低。测验B为10组3个音的高低比较，听辨每组音中哪个最低。这三个音中音程最小的仅为半音。
16	失音症蒙特利尔评估测验（Montreal Battery of Evaluation of Amusia）	计算化测验：音阶识别；异形轮廓音高识别；同轮廓音高识别测试。

2. 音强

（1）重要性

音强即音乐中音的强弱程度。音强是由发音体的振幅（音的振动的幅度）的大小而决定的。振幅越大，音越强；振幅越小，音越弱。音强也是音乐的基本要素之一，对音乐风格具有重要影响。例如，隆重的、胜利的，具有战斗性的乐曲，一般采用较强的音去演唱或演奏。而像摇篮曲、小夜曲一类的乐曲，则采用较弱的力度来演唱或演奏。因此，对于音强这一基本要素的把握直接影响着一个人对于音乐风格的理解。

（2）二级指标

音强由极弱到极强，逐渐变化。

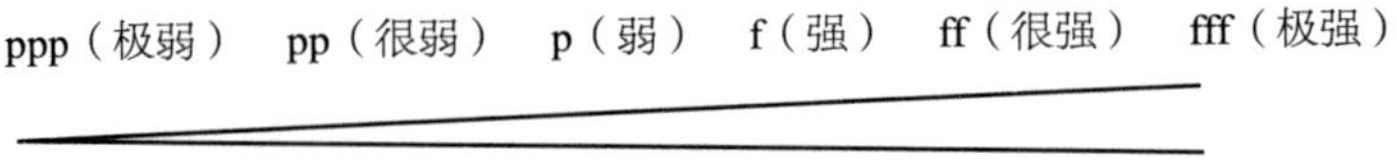

图 2-1　音强二级指标

（3）测验工具和测验形式

测验工具和测验形式见表 2-6。

表 2-6　音强测验工具和测验形式

序号	音强测验工具名称	测验形式
1	西肖尔音乐才能测验：音强	音强测量中包括振幅不同的两个音，频率保持在恒定的 440 次 / 秒，被试要报告出第二个音是否比第一个音弱。在强度（分贝）上的区别是 4.0，2.5，1.5，1.0，0.5。 以 RCAVictor 录音室的新技术，运用电子制音机制造音色，把不同的音高、音强、音长与音色录制出来，用机器来控制这种测验。
2	K—D 音乐测验：强度辨别力测量	与西肖尔测验相似。包括 15 对单音和 15 对和弦，用不同的强度呈现。要求被试辨别每对音中第二个音或和弦比第一个强还是弱。
3	温格标准化音乐智力测验：音强测验	在每对弹奏中，强度在第二次弹奏中发生变化，要求被试选出自己更喜欢哪个。

（续表）

序号	音强测验工具名称	测验形式
4	笛尔森—格莱兹音乐能力倾向测验：音强测验	共 25 项，每对音的强度差别范围为 1—10 分贝，要求被试听辨第二个音比第一个音强还是弱。发音体为医用听力计。
5	夸尔瓦瑟音乐才能测验：响度辨别力	每个测试题由一对三音型组成，其中有一个音型在响度上可能有变化，响度差别范围是 2—10 分贝，选择答案为二择一。发声体均为实验室电声装置，以控制测验变量的单一性。
6	西蒙斯音乐听辨技能测量：力度听辨	每个子测验包括 1 个练习题和 5 个测试题。力度听辨测验中，用放大、缩小或相同的图形来象征小提琴演奏的乐曲渐强、渐弱或同等力度的概念，要求被试进行听辨并选择。

3. 音长

（1）重要性

音长（时值）是音乐的基本要素之一。对音长的感知会影响个体对节奏、旋律的感知。音长感知的个体差异可以预测音乐基本能力的个体差异。

音长是一种与时间相联系的物理变量。拍子将时间周期等分为若干音长，拍子的速率和速度有着直接的关系。将音乐律动进行组织，按照一定的周期出现，形成由强拍和弱拍组成的固定模式，就是节拍；节奏产生于听赏者对声音秩序（相同或变化的音长）的感知。音长的心理感知和刺激的物理长度时间有着差异，这种差异在于“感觉”的时间和实际测量的时间是不同的——人们往往会高估较短的时间间隔，而低估较长的时间间隔。

加比利尔森（Gabrielsson，1773）使用多维标度技术要求被试对不同节奏模式的相似度进行判断，发现节奏辨别基于速度、第一拍的重音、重音模式和绝对音长。莫纳汉（Monahan，1984）对音高和时间在旋律中的相互影响研究发现，速度和节奏——这种音符呈现时间长短的音长模式——发挥着重要作用。莫纳汉还发现在辨别短小旋律的过程中，速度和节奏影响着被试的判断而非音高因素。

（2）测验工具和测验形式

测验工具和测验形式见表 2-7。

表 2-7　音长测验工具和测验形式

序号	音长测验工具名称	测验形式
1	西肖尔音乐才能测量：时值测验	采用心理物理法。共 50 对音，要求辨别每对的第二个音比第一个音长还是短。所有的音均为 440 赫。每对音的第一个均为 0.8 秒。难度安排从易到难，前 5 对音的时值差别为 0.3 秒，接着的 5 对 0.2 秒，接着为 0.15 秒，0.125 秒，0.1 秒，0.075 秒，0.05 秒。
2	笛尔森—格莱兹音乐能力倾向测验：时值测验	共 25 项。要求听辨每对音中第二个比第一个音长还是短，两个音之间的时差为 0.8—0.2 秒。发声体为医用听力计。
3	夸尔瓦瑟音乐才能测验：时值辨别力	是 K—D 测验的微缩版本。每个测试题由一对三音型组成，其中有一个音型在音长上可能有变化，速度变化在每分钟 90 拍（以四分音符为一拍）的 5%—40%，选择答案为二择一。发声体均为实验室电声装置，以控制测验变量的单一性。
4	比奇音乐测验：时值	读谱并指出特定小节或拍子中的音符和休止符的时值，并指出与拍子不符合的小节中的错误。
5	夸尔瓦瑟—鲁斯音乐成绩测验：时值错误识别；音符时值知识；休止符时值知识	纸笔式的单纯书面测验。时值错误识别试题为《美利坚》的乐谱，G 调。要求找出该曲 5 小节中的音高记谱错误。音符时值知识共 5 项，每题是 5 个不完整的小节，要求在 5 个答案中选出一个填空，将音群补充完整。休止符时值知识跟音符时值知识形式一样，考查内容是休止符。

4. 音色

（1）重要性

音色是由于发音体的性质、形状及其泛音的多少等这些因素的不同而变化的。音色在音乐中起到调色板的作用，它不仅是音乐的基本要素之一，有时还可以体现音乐的情感因素，相同的音乐用不同的音色传达会产生不同的审美感受。然而，在音乐的基本要素中，音高和音长对音乐的意义比音强和音色的意义更为重大。在音乐能力测量中，音色主要还是关于耳朵对不同声波的反应能力（敏感度）的测量。

（2）二级指标（音色分类）

从发声物体角度分为——

人声：

- 男声（高、低）
- 女声（高、中、童声）

器乐声：

- 民族乐器：古筝、琵琶、扬琴、阮等
- 木管乐器：短笛、长笛、单簧管、双簧管铜管
- 弦乐器：小提琴、中提琴、大提琴、贝斯等
- 打击乐器：定音鼓、大鼓等
- 键盘乐器：钢琴、手风琴等
- 电声乐器：电吉他、电贝斯、电子琴等

从音色给人的感觉上分为：明亮、暗淡、尖锐、柔和、空洞、饱满、刺耳、协和。

（3）测验工具和测验形式

测验工具和测验形式见表2-8。

表 2-8　音色测验工具和测验形式

序号	音色测验工具名称	测验形式
1	西肖尔音乐才能测量：音色测验	采用古典心理物理极限法，共 50 对音的音色，要求被试分辨每对音的音色是否相同。 所有的基音频率为 180 赫，并均含基音以上最低的 6 个泛音。 难度从易到难安排。 将刺激音按照差异减系列的变化，寻求被试在两个比较音之间的差别阈限。随着每对刺激音的差异量由大到小的变化，辨别难度逐渐增加，由此测出被试对音色差异的辨别能力。
2	瑞孚兹音乐能力倾向测验：旋律测验	个别施测。要被试用手指叩击出钢琴所弹的音乐节奏。
3	K—D 音乐测验：音色测验	共 30 项。每项由两个上行大六度音程构成，要求辨别两个音程是否为不同的乐器演奏。

5. 节奏

（1）重要性

朱光潜先生认为："节奏是一切艺术的灵魂。"节奏是指音乐中声音强弱、长短的配合、对比、反衬、连续等千变万化而有序的组织形式。节奏是音乐必不可少的组织形式，可以单独成为一个音乐内容，如迪斯科。节奏是音乐重要的表现手段，对乐曲的影响是显而易见的。

从音乐起源上来讲，节奏是最早形成的音乐组成部分。"节奏结构"是由作为表层形态的节奏以及作为一种固定规范的节拍各自所具有的独立作用以及它们二者之间的关系所构成的。在节奏结构的诸要素中，时值关系、疏密关系、抑扬关系及其形态等因其本身特征，赋予了节奏运动结构力与动力的实质性内涵，彼此之间的关系也是节奏结构中最为重要的或最基本的关系。

从本质上讲，节奏就是由不同的长短关系来体现的，长的时值趋向于稳定，短时值则反之。而时值又直接影响到节奏的疏密关系、抑扬关系及形态等。节奏本身较强的表现力表现了现实的时间及其蕴含的时间观。节奏是尽现音乐真正含义的最为重要的要素之一。音乐的节奏功能其突出的特征之一就在于从时间的过程中聚合并把握对乐音运动的整体感知。节奏能够使零散的单音进行有序的组合，形成多种表现形式。这便使之能够准确地表达出各种不同的情感意蕴，丰富音乐的表现力。

（2）二级指标

节奏分为不同的类型，主要有以下几种：平均音点、前松后紧、前紧后松、切分、休止。

（3）测验工具和测验形式

测验工具和测验形式见表 2-9。

表 2-9　节奏测验工具和测验形式

序号	节奏测验工具名称	测验形式
1	西肖尔音乐才能测验：节奏测验	采用古典心理物理极限法，要求被试分辨 30 对音的节奏。 节奏形式是由拍子的数量和时间上的独立来决定的。在每对音之间，基本自变量是时间，音的个数、音调的数量和位置、节奏和节奏型的长度是固定的。 共 30 对节奏型，要求辨别每对节奏型是否相同。有 10 对为 2/4 拍，含 5 个音；有 10 对为 3/4 拍，含 6 个音；有 10 对为 4/4 拍，含 7 个音。所有的音均为 500 赫，节奏型的速度为每分钟 92 拍。
2	纳斯音乐成就测验：节奏听辨	对成对的音乐片段进行节奏是否一致的辨别。1936 年版，采用钢琴现场弹奏测试题目，被试在测试本上作答。1968 年版，使用盘式录音带测试，答案采用机器评定。
3	西蒙斯音乐听辨技能测量：节奏性听辨	用小提琴或小鼓奏出两个节奏型，让被试听辨异同。
4	西尔弗 · 伯德特音乐能力测验：节奏听辨	不详

（续表）

序号	节奏测验工具名称	测验形式
5	夸尔瓦瑟音乐才能测验：节奏辨力	每个测试题由一对三音型组成，其中有一个音型在节奏上可能有变化，选择答案为二择一。发声体均为实验室电声装置，以控制测验变量的单一性。
6	瑞孚兹音乐能力倾向测验：节奏测验	个别施测。要被试用手指叩击出钢琴所弹的音乐节奏。
7	萧恩音乐能力测验：节奏测验	被试辨别出用一种音弹出的两种节奏模式是否相同。
8	曼瓦林音乐能力测验：节奏测验	曼瓦林从声音的四种物理属性分析音乐能力中的认知过程。他发现，个体在音强、音色上的辨别能力是相当的。所以认为音高与节奏更能体现音乐能力上的差异，由此制定了音高差异知觉测验、节奏模式测验和回忆测验来考察个体的音乐能力。
9	K—D 音乐测验：节奏测验	节奏变化范围是 0.03—0.30 秒，节奏辨别力包括 25 个题目，要求被试报告第二种形式是否与第一种形式相同。
10	Drake 音乐才能测量：节奏测验	个别施测。节奏测量中，由节拍器奏出节奏，指导者根据节奏数数。一段静音后，要求被试自己边数拍子打出刚才的节奏，直到听到“停”，并写出他停下来时的数字。
11	高登音乐能力倾向测验（MAP；PMMA；IMMA；AMMA）：节奏测验	要求被试判断两个音乐片段是否一致。测验可计算化。
12	MBEA：节奏测验	计算化测验，对两段音乐片段进行节奏异同辨别，要求判断是进行曲还是圆舞曲等。

注：由于高登的几个测评工具是在其同一种音乐潜能理念下编制的，因此统计时只记为一次。

6. 旋律

（1）重要性

旋律体现音乐的全部思想或情感，用调式关系和节奏、节拍关系组合起来的，具有独立性的许多音的单声部进行，有时候也叫曲调或音调。

音乐是由不同的旋律组成的，而旋律不仅包含着音高、力度（音强）、音长、音色等音乐的基本要素，还包括节奏、节拍、调式、调性、句式、曲式、速度等音乐的组织形式以及表情、风格等隐性层面，应该说旋律是音乐的灵魂所在。

通过对音高、音强、音长甚至音色等音乐基本要素的测验来测量音乐能力，主要的是关于耳朵对不同声波的反应能力（敏感度）的测量，它往往是人潜在音乐能力的表现。由于综合了更多的音乐要素指标，旋律可以更好地反映一个人因经验或学习所获得的对音乐的整体把握能力。

音调是指更强调音高要素，而不包含节奏、音强、调式、调性、速度等其他因素的短小音乐片段。

（2）二级指标

旋律因声音来源不同，分为声乐旋律和器乐旋律。

声乐旋律：与人声语言有着密切的联系，一般音域比较狭窄，富于歌唱性。

器乐旋律：与器乐特点紧密相连，一般音域较宽，速度和力度变化大，富于节奏性和技巧性，歌唱性也同样重要。

旋律形态分类（二级指标）如下所示——

①平线形态

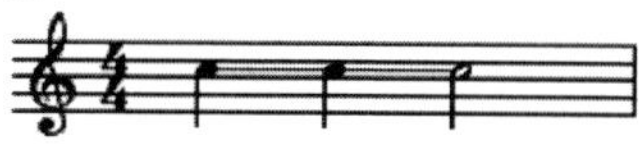

②斜线形态

上斜线

下斜线

③弧线形态

下弧线 

上弧线 

④折线形态

上折形 

下折形 

（3）旋律（音调）测验工具及形式

测验工具和测验形式见表 2-10。

表 2-10　旋律（音调）测验工具及形式

序号	旋律测验工具名称	测验形式
1	瑞孚兹音乐能力倾向测验：旋律测验	个别施测。要被试唱出钢琴所弹的曲调（或旋律）
2	西肖尔音乐才能测验：旋律和音调记忆测验	采用古典心理物理极限法，共 30 对音，采用 Hammond 电子器用于记录调性记忆测验。非旋律的乐句不断增加长度呈现给被试。被试要区分第二组中的声音个数是否比第一组多。
3	萧恩音乐能力测验：音调程序测验	音调程序测验中，听者须判断一首曲调的四种不同结尾方式哪一种好
4	劳莱音乐能力测验：终止式测验，音调记忆测验，乐句测验	将一个主题进行某种变化后（例如移调），要被试辨认。
5	曼迪生音乐能力测验：音调想象测验	不详
6	K—D 音乐测验：音调进行测验，旋律鉴赏测验	共 30 项。每项为 4 个音组成的音型，其进行倾向有待解决。要求被试听后判断这个解决方法应该是上行还是下行。

（续表）

序号	旋律测验工具名称	测验形式
7	伦汀音乐能力测验：旋律测验	不详
8	德雷克音乐才能测验：音调记忆测验	共 12 个题目。先出现一次短小旋律作为标准，然后再出现一段该旋律，让被试判断后一段旋律是否与前一段旋律相同；如果不同，用多项选择形式判断变形旋律在音调、音符还是时值上起了变化。
9	高登音乐能力倾向测验（MAP；PMMA；IMMA；AMMA）：音调测验	共 40 个测试题。要求被试判断两个音乐片段是否一致。测验可计算化。MAP 中的音调测验包含旋律及和声。
10	本特利音乐能力测验：音调记忆测验	不详
11	戴维斯音乐综合能力测验：旋律测验	完整无缺的音调为测量材料，在旋律测验中使用了与均等的适中的音阶相类似的“同调模进”的音乐。
12	比奇音乐测验：旋律进行方向和相似性辨别测验	听辨旋律上行或下行的方向，以及判断旋律之间的异同。
13	纳斯音乐成就测验：旋律听辨测验	不详
14	阿利费利斯音乐成就测验：旋律测验	不详
15	科尔威尔音乐成就测验：旋律识别测验	共 20 项。每题先由钢琴奏出一段旋律，然后再奏出含该旋律的小提琴、中提琴和大提琴三声部片段，其音区与先前旋律保持在同一个八度内。要求听辨这三声部片段中哪一个声部是先前的旋律。
16	西蒙斯音乐听辨技能测量：听辩旋律进行方向；听辩旋律进行特点	每个子测验包括 1 个练习题和 5 个测试题，需要 5—8 分钟。测验 1 是听辨旋律进行方向，并相应地圈出向上、向下或平行的箭头。测验 2 是听辩旋律进行特点，辨别旋律是级进还是跳进。

注：由于高登的几个测评工具是在其同一种音乐潜能理念下编制的，因此此处只记为一次。

7. 音乐记忆

（1）重要性

音乐记忆是音乐能力全面发展的基础。

（2）音乐记忆测验工具及形式

音乐记忆测验跟音调测验在概念上相似。测验工具和测验形式见表2-11。

表 2-11　音乐记忆测验工具及形式

序号	音乐记忆测验工具名称	测验形式
1	MBEA：音乐记忆测验（旋律再认）	计算化测验。第六个是音乐记忆测验（旋律再认）。
2	西肖尔音乐才能测验：音调记忆测验	采用古典心理物理极限法。采用 Hammond 电子器用于记录调性记忆测验。非旋律的乐句不断增加长度呈现给被试。被试要区分第二组中的声音个数是否比第一组多。
3	劳莱音乐能力测验：音调记忆测验；乐句测验	将一个主题进行了某种变化后（例如移调），要被试辨认。还有一种乐句测验，实际上，这是一种高级的记忆。
4	曼瓦林音乐能力测验：回忆测验	不详
5	K—D 音乐测验：音调记忆	共25项音序列，每对含4—9个音不等，每对音序列做完全或变形重复，要求辨认第二个音序列是否与第一个相同。
6	德雷克音乐才能测验：音调记忆测验	共 12 个题目。先出现一次短小旋律作为标准，然后再出现一段该旋律，让被试判断后一段旋律是否与前一段旋律相同；如果不同，用多项选择形式判断变形旋律在调、音符还是时值上起了变化。
7	温格标准化音乐智力测验：记忆测验	共30项。每项为成对的旋律，其长度为3-10个音不等。记忆测验让被试判断呈现的曲调相同还是不同。对于不同的曲调，还需要被试判断出是哪一个音符发生了变化。
8	本特利音乐能力测验：音调记忆；节奏记忆	不详
9	笛尔森一格莱兹音乐能力倾向测验：音调记忆测验	共25项。每项测验均为用电子琴演奏的一对音型。每对音型变化第二个片段中的音，要求被试听辨是第二个片段与第一个片段相比，几个音不同。测试题由易到难，开始为 3 个音的音型，最后为 6 个音的音型。

（续表）

序号	音乐记忆测验工具名称	测验形式
10	科尔威尔音乐成就测验：音调记忆测验	20 个题目。每项测试题中，先由钢琴奏出一个四音和弦，然后再出现一个四音琶音，这个琶音可能与先前的和弦相同，或者变动其中一音。要求被试进行听辨。如果不同，是第几个音的音高有变化。

从本质上说，以上这些都是关于音乐材料的听知觉能力。当然，音乐的听知觉能力是音乐能力的一个基本构成因素，是所有其他音乐能力构成因素的发展起点。因此这些测验在强调音乐听知觉能力方面具有一定的意义。然而，对于总的音乐素养来说，听知觉并不是唯一的构成因素，完全以音乐听知觉为中心的音乐能力测验必将具有一定的片面性。一些所谓的“非音乐”或“音乐以外的”变量可能与最终音乐成就具有较强的关系。Rainbow（1965）让教师评定 291 个学生的音乐天分，并使用多元回归分析预测这个评定，发现以下这些因素是显著的预测因素：音调记忆、学术智力、音乐成就、音乐兴趣以及社会经济背景；而更具有音乐意义的变量如音高辨别、节奏、音乐训练经验却不是显著预测因素。Hedden（1982）使用音乐成就测验作为因变量，对 144 个五年级和六年级的学生的数据进行预测，发现单独预测时最好的预测变量是学术成就，当增加音乐态度和音乐自我概念这两个变量时，预测力上升。而音乐教育背景和性别变量都不显著。（Boyle & Radocy，1987，p141）

因此，要测查个体的音乐素养，除基本能力外，还需要考虑多个层面。第三章将继续分析另外一些对于音乐素养来说也非常重要的层面。

第三章
其他音乐素养相关测评内容

第二章分析的基本音乐能力，测验形式主要是能力倾向测验或潜能测验，测查的内容主要集中在音乐听觉基本能力方面。这种音乐素养是音乐欣赏、表现和创作的基础，是音乐最基本的能力要求，用来预测未来的成就。要测查个体的音乐素养，除基本能力外，还需要考虑多个层面。本研究认为，可以通过音乐鉴赏能力、音乐知识技能及表现的创造性、情感动机因素和音乐活动参与情况等多个维度，从过程、结果和动机等几个方面，系统地评价中小学生对音乐的理解和情感反应，以及在音乐方面的创作、表演能力，综合考察个体的音乐素养。

音乐素养内涵精细复杂，其测评不同于其他学科。其他学科惯常采用的纸笔测验对音乐素养的测评来说是不够的，需要采用多种测查方式（Zerull，1990；Rawley & Brunner，2002）。基本能力测验可采用音乐能力倾向测验。要测查音乐知识技能和表现，广为应用的测验形式是音乐成就测验。音乐成就测验，测验的目的是估计已学到的东西。成就测验可采用对音乐知识的提问形式，或量表的形式，或表现型测评，用以比较演唱或演奏的成绩。另外，音乐表现、兴趣和背景测验也被广泛用于考察个体的音乐学习经验和素养。

以上那些不同的测评类型具有各自的优势，将这些测评类型相结合，可以获得真实可靠而又全面的学生音乐素养数据。音乐素养基本能力测验多采用标准化纸笔测验，为音乐教育的测评提供简便而可靠的测查工具。音乐表现采用表现型测评，这种测评形式虽然费时费力，但能有效地反映音乐素养中一些精细、深入的内涵如表现能力、创造性和想象力等，保证音乐素养测评的真实性。音乐兴趣态度采用问卷调查，简单易行，能揭示当前音乐教育改革中尤为强调的参与音乐活动的情感层面，包括学生对音乐的态度、兴趣、投入、愉悦和自信等心理层面。

一、音乐成就测验

音乐成就是在正规音乐教育作用下习得的音乐能力（刘沛，1998）。音乐成就测验旨在通过对这种习得的音乐能力的测量、评价或诊断学生的音乐学习问题，了解学生学习过程中所表现的具体成效，希望通过成就评估发现学生的学习状况，以改进教法、教学策略、教育制度，改进课程以促进学生更好地达到学习目标。

Boyle 和 Radocy（1987）指出，音乐成就测验评估特定的音乐知识和技能，其与音乐潜能测量评估音乐潜在能力的内容截然不同。音乐成就不仅包括一般音乐知识、识谱技能、听看技能，还包括音乐创作及演奏能力。就测验的层面来说，成就测验是要测量受试者对某些标准化教材的了解和掌握程度，偏重测量学习过的经验。

这里需要特别指出的是，音乐成就测验和音乐基本能力方面的测验并非截然不同的。Lehman（1968）曾指出，音乐潜能测验与音乐成就测验不易划清界限，但可以用来作为不同目的的测验。在有些研究者的概念界定中，音乐成就包含了音乐基本能力。Shuter-Dyson 和 Gabriel（1981）曾提及：所有的音乐潜能测验必包含某种程度的音乐成就测验，而音乐成就测验也必定会反映出个体内在的音乐潜能。因此，可以看到本研究罗列的音乐成就测验（见表 3-1）与第二章的音乐基本能力测验有些测查内容相似甚至相同。

本研究将详细介绍几个在音乐测评历史上有一定影响力的中小学生音乐成就测验：夸尔瓦瑟—鲁斯音乐成绩测验、科尔威尔的音乐成就测验、高登（1989）为美国中小学音乐教育设计的爱荷华音乐素养测验（Iowa Tests of Music Literacy，ITML）。这些成就测验都包含音乐能力测验中所必有的听觉项目，但是参加这些测验要求被测者具备一定的音乐实际知识（如乐谱知识）和音乐训练。

历史上，音乐成就多采用标准化成就测验，具有很好的信效度，并有常模。施测容易，评分客观。但是，受到测查内容和测查形式的限制，很难测查到学生的音乐创作能力等内容。

（一）夸尔瓦瑟—鲁斯音乐成绩测验

夸尔瓦瑟—鲁斯音乐成绩测验是由夸尔瓦瑟和鲁斯合作编制的（1924）。测验形式为纯纸笔测试，不提供音乐刺激材料，测验全部用文字呈现。测验对象为 4—12 年级学生。附有各年级常模。测验编制者为了使测验的内容覆盖当时美国中小学音乐教学的内容，根据当时音乐督学全国大会编制的大纲以及有代表性的各音乐教学大纲，对中小学教学内容做过详尽的分析。这套测验一共包括 10 个子测验，分别是：音乐符号和术语知识；唱名识别；熟悉旋律的音高错误察觉；熟悉旋律的时值错误识别；音名识别；拍号知识；调号知识；音符时值知识；休止符时值知识；熟悉旋律的记谱。该测验的其他相关信息请见表 3-1。

美国音乐教育测量界普遍认为这套测验经济实用，但是随着时代发展，这套测验已经不适用于当前的音乐教育评价了（刘沛，1998）；而且采用纯纸笔测验这种形式考查学生的音乐成就已经受到了太多批判。

（二）科尔威尔的音乐成就测验（MAT）

科尔威尔在1969年和1970年发表的音乐成就测验（第一版是初级音乐成就测验），包含4套测验，难度逐级增加。该测验根据当时音乐系列教科书的教学目标和音乐教育权威人士的讨论意见编制而成。测验对象是4—12年级的学生。（Boyle & Radocy，1987）测验目的是测量与音乐教育目标最相关的听技能和听视技能，使教师确定每个学生对学校音乐课的基本听觉目标达到的程度，向器乐学习的学生提供对他们的评价信息，以便改进课程。测验信效度详见表3-1。

根据教师的具体要求，每一个测验可以独立使用。具体内容如下（蒋存梅，2005）：

测验1

第一部分音高辨认：在两个或三个音调中辨别音符的高低。

第二部分音程辨认：辨别音调中音程是跳进还是级进。

第三部分拍子辨别：辨别音乐是两拍子还是三拍子。

测验2

第一部分大小调辨别：通过和弦进行，或者通过乐句辨别调式。

第二部分调中心感觉测验：通过终止式，或通过有伴奏的旋律确定调的主音。

第三部分听视辨别：通过对乐谱上的标记与听到的音调进行比较，确定它们的音高或节奏是否一致。

测验3

第一部分音调记忆：判断和弦音是否发生变化。

第二部分旋律识别：在三声部的音乐中辨别原先呈现的旋律。

第三部分音高识别：先弹出与乐谱标记一致的第一个音符，然后让被试在很短的时间内看一下第二个音。随后三个以上的音符同时奏出，要求被试判断与乐谱上标记的第二个音符一致的音符。

第四部分乐器识别：识别独奏或有乐队伴奏的独奏乐器。

测验 4

第一部分音乐风格：判断音乐风格与哪一个作曲家的创作风格相似，以及辨别音乐的织体。

第二部分听视辨别：判断听到的节奏是否与乐谱上的节奏标记一致。

第三部分和弦识别：判断和弦是否相同。

第四部分终止式识别：判断终止式是“全终止”“半终止”或“阻碍终止”。

科尔威尔 MAT 的构思、制作和标准化程度是高水平的。美国音乐教育测量界普遍认为应该在音乐教学过程中使用这套测验，甚至可以用于周期性的考查学生对于各种音乐概念的把握程度，为教学提供及时的反馈信息（刘沛，1998）。

（三）高登的爱荷华音乐素养测验（ITML）

高登在 1970 年设计的爱荷华音乐素养测验（ITML）是为美国中小学音乐教育设计的（1970）。一共分为 6 个水平等级，水平 1—3 级用于 4—12 年级学生；水平 4—6 级用于 7—12 年级学生。每个水平都分两大部分，即音调概念和节奏观念，且每个部分都分 3 个子测验，分别是听知觉、读认和对乐谱的理解。全部测试题目均用录音带呈现音乐刺激，让学生纸笔作答。该测验与第二章提到的高登另外几个音乐潜能测验不同，虽然也是从音调和节奏出发，但是该测验测查了更多的音乐教育经验。

爱荷华音乐素养测验以循序渐进的方式测评和评价中小学生取得的音乐成就，各个水平的测量框架是一样的，但是每个测量项目会随着水平级别的增高而逐渐复杂。下面以水平1和水平2为例，说明该测验的框架和具体内容：

（1）音调概念

听知觉：判断大小调。

读认：判断答案纸上的旋律与听到的旋律是否一致。

乐谱的理解：一个短的旋律出现三次，被试根据听到的旋律，在答案纸上完成空缺的旋律。

（2）节奏观念

听知觉：判断拍号，对二拍子、三拍子或部分复拍子进行听辨。

读认：判断听到的节奏与答案纸记录的节奏是否一致。

乐谱的理解：一个节奏组合出现三次，被试根据听到的节奏片段完成答案纸上未完成的部分。（蒋存梅，2005）

爱荷华音乐素养测验手册有详细的计分说明，可使用标准分数或百分次序常模来分别计算每个水平在6个子测验、音调概念和节奏观念这两大部分、以及全套测验的9种成绩。该测验的信效度较好（详见表3-1）。

爱荷华音乐素养测验建构严谨，标准化程度高，它典型地反映了音乐基本概念整体分年级循环上升的课程思想。该测验考察音乐教育经验，会涉及一些音乐名词和概念。为了保证测评的公平性，该测验采用“常见”和“不常见”来代替具体的调式或拍子的具体名称，这一点值得我们借鉴。

表 3-1　音乐成就测验

序号	测验名称	开发者及时间	测查内容及维度	测验信效度	测验时间	常模	适用对象
1	夸尔瓦瑟—鲁斯音乐成绩测验	夸尔瓦瑟和鲁斯合制，1924	音乐符号和术语知识；唱名识别；熟悉旋律音高错误察觉；熟悉旋律时值错误识别；音名识别；拍号知识；调号知识；音符时值知识；休止符时值知识；熟悉旋律的记谱	分半信度 0.70—0.97。	50 分钟	有	4—12 年级学生
2	科尔威尔音乐成就测验	科尔威尔，1969，1970	音高；音程；大小调；调中心感觉；听视；音调记忆；旋律；音高；音乐风格；音乐听辨；和弦识别；终止式识别	信度 0.90 左右。内容效度好，以当时音乐教科书的教学目标和学校音乐教育权威人士的意见为基础。	测试一 25 分钟；测试二 35 分钟；测试三 39 分钟；测试四 45 分钟	有	4—12 年级学生
3	爱荷华音乐素养测验	高登，1970	分 6 个水平。每种水平都分两大部分即音调和节奏观念，每部分分 3 个子测验：听知觉、读认和乐谱的理解	分半信度 0.87—0.94。子测验最低信度为 0.70。内容效度为高登认定的节奏和音调能力。	不详	有	水平 1—3 级用于 4—12 年级学生；水平 4—6 级用于 7—12 年级学生。

（续表）

序号	测验名称	开发者及时间	测查内容及维度	测验信效度	测验时间	常模	适用对象
4	比奇音乐测验	比奇，1920，1930，1938	音乐记号知识；小节识别；旋律进行方向和相似性辨别；音高辨别；音乐术语和记号；时值；记谱法知识；唱名和音名的认识；作曲家和演奏家	信度平均为 0.65，效度平均为 0.74。	40 分钟	有	7—12 年级学生以及大学生
5	夸尔瓦瑟音乐知识和鉴赏测试（Kwalwasser Test of Music Information and Appreciation）	夸尔瓦瑟，1927	艺术家分类；著名作品作者；作曲家作品类型分类；音乐史常识；管弦乐器发音知识；管弦乐器分组；有关乐器常识	测验手册中没有任何关于信效度的说明，据其他研究文献，其信度可达 0.84。	50 分钟	有	高中生和大学生
6	西尔弗·伯德特音乐能力测验	科尔威尔，1979	节奏听辨；调式听辨；曲式听辨（仅与西尔弗·伯德特出版社的音乐教科书相配套使用）	再测信度 0.69 至 0.94。效度为 0.90 左右。	有常模	有	1—6 年级学生

二、音乐表现测验

Hoffer（1993）认为一个人辨识音高识谱表上的音符名称，是一件很容易的事情。但是对于音乐而言，这样的知识有多重要呢？它跟学生对音乐的欣赏以及表现能力是否同样重要呢？音乐教育工作者会要求学生在歌唱上、乐器表现上能达到某种水准，而不是只知道歌曲的知识。要测查这些内容，仅仅通过笔试来做音乐评估是远远不够的。

为了测量音乐表现的过程和结果，可以采用音乐表现测验（Music Performance Test）。相对于标准化音乐成就测验来说，音乐表现型测评费时费力，但是能反映音乐素养中一些精细复杂的内涵，如创造性和想象力等。同时由于这项评价技术既评价结果，又考察过程，因此可以保证测评的真实性（董奇，2004）。

美国"国家教育进展评估方案"（The National Assessment of Educational Progress，NAEP）、新西兰国家教育监测项目（National Education Monitoring Project，NEMP）对音乐进行全国性的监测时，都采用了一定的表现性测验题目。为了节省人力并保证评分者的可靠性，许多音乐表现型测验在收集表现型测评数据时，采用个别施测，用录音、录像等方法获取音像资料数据，再请经过严格培训的评分者对音像资料数据集中评定。评定测量方法可以采用李克特（Likert）量表法、配对比较法、逐次等距法等（Boyle & Radocy，1987）。

表现型测评中如何设定每个题目的评分标准将是一个难点，也是评价工作中的一个重点。测评指标的编制可以为设定表现型任务中具体题目的评分规则提供参考依据。

为了考察音乐表现测验本身的可信度，可以采用经典测量理论对表现型测评各项目（测验题目）进行测验学指标分析，确定项目的难度、区分度等指标。此外，由于每道题目由多位评分者同时进行评定，为了鉴定评分者一致性，减少评分者误差，反映被评价的学生的真实水平，可以采用 GENOVA 软件对表现性任务得分进行概化分析。

本研究就已有的音乐表现测验这部分文献做了一个列表（详见表 3-2）。

表 3-2　音乐表现测试

序号	测验名称	开发者及时间	测查内容及维度	测验信效度	适用对象
1	沃肯斯—法纳姆表演量表：标准化全管乐队乐器成就测验（The Watkins-Farnum Performance Scale）	沃肯斯（J.G.Watkins），法纳姆（S.E.Famum），1954，1962	14种以难度分等的视奏练习曲，按从易到难顺序编排，要求被试快速演奏。录影录音后请专家评定。	信度约为0.90，效度较好，测验成绩和学生的等第之间的相关为0.83。	有乐器学习经验的学生
2	法纳姆弦乐量表：全弦乐器成就测验（The Farmum String Scale：A Performance Scale for All String Instruments）	法纳姆，1969	以难度分等的视奏练习曲，按从易到难顺序编排，要求被试尽可能地快速演奏，并避免出错。	法纳姆没有提供信效度。	有乐器学习经验的学生
3	李克特量表（Likert Scales）	李克特，1932	若干测量项目、态度陈述，评分者评定。	信度为0.90，效度系数为0.80。	有音乐学习经验的学生
4	艾伯利斯（Abeles）黑管演奏评估测试	艾伯利斯，1971	评定单簧管手的演技等级。	信度为0.90，效度系数为0.80。	黑管演奏者
5	库克西（Cooksey）高中合唱队评估测试	库克西，1977	发音、精确度、声音控制等，对合唱团进行评定。	在评判员之间的信度很高。	高中生
6	音乐动作技能的测验	吉尔伯特（Gilbert），1979	对器乐中所用的打击技能的动作是否熟练。	再测信度为0.84—0.96，内部一致性为0.78—0.89。	3—6岁儿童

三、音乐情感态度（兴趣）测验

学生对音乐的态度和兴趣是音乐素养中的一个测查方面，也是音乐教学中最重要的测量项目之一。我国中小学音乐教育过去存在严重的问题和弊病，许多学生在音乐学习中体会不到乐趣，而且还得面对大量音乐技能训练带来的枯燥和厌倦感，这严重违背音乐教育之根本。因此，当前音乐教育改革尤为强调培养学生对音乐的态度、兴趣、投入、愉悦和自信等心理层面，而不仅仅只是考察知识和技能。

可以采用心理测量中常用的方法——问卷调查法，来考查学生对音乐的动机情感因素（见表 3-3）。有些学者认为音乐情感态度测量是最难测量的内容（曹理等，2000），其实这样的情感态度测量方法在心理学和教育学领域中已被广泛应用，目前也有很多先进的测评技术和统计方法，例如社会赞许性反应的测量和统计控制。因此，相对其他音乐素养测评内容而言，音乐情感态度的测量相对来说更容易。

李克特量表是测查情感、态度的常用量表形式，它由陈述句和反应句组成。陈述句表述音乐现象或客体的价值。被试则通过对反应句进行评定，表明对每一个陈述句的态度，从而表达出自己在音乐某些方面的情感。为年龄小的被试设计的量表反映符号可以是非文字的，如以笑脸、哭脸等表示赞同与否。例如，亥孚纳和西肖尔采取李克特量表考察音乐态度。测验由 50 句有关音乐的陈述句组成，被试只要答同意或不同意。这些陈述句如："假如没有音乐，生活会变得沉闷乏味。""我认为如果没有音乐，世界会幸运。"量表采用三点计分，其中每一个项目预先为一大批被试用"完全赞成""完全不赞成""既不赞成也不否定"评定过。西肖尔—亥孚纳量表用于大学生的信度为 0.90。

在心理学中，有一个非常有名的职业兴趣量表中就涉及了音乐兴趣测查：斯特朗－坎贝尔职业兴趣量表（Strong-Campbell Vocational Inventory Blank）。这个量表提供了评估音乐兴趣及其他职业活动兴趣的评估方法。

另外，目前音乐态度研究主题集中在音乐偏好或品味兴趣上。此处介绍一个音乐偏好测量的例子：查默士（Chalmers）的音乐偏好量表。让大学生在七级量表上以“喜欢”“不喜欢”对50个随便排列的项目做出等级评定，这50个项目由巴洛克音乐、古典音乐、浪漫音乐、20世纪早期音乐（斯特拉文斯基、柯普兰、巴尔扎克）以及实验主义音乐（梅湘、凯基等）组成，每一种音乐有10个项目。查默士也检验了他的测量方法的效度，其方法是，把测验结果与学生对音乐类型爱好的自我报告做比较，与他们拥有的唱片是什么类型的做比较，还参考听音乐时录像中所记录的他们的反应。结果发现，相关度较高，说明效度较好。

表 3-3　音乐情感（态度）测验

序号	测验名称	开发者及时间	测查内容及维度	测验信度及效度	适用对象
1	李克特量表	李克特，1932	由陈述句和反应量表组成，陈述句表述客体或事物的价值，反应量表说明被试对陈述句的态度。	未知	未知
2	音乐感测验（A Test of Musicality）	加斯顿（Thayer Gaston），1942，1950，1956，1959	有40个项目，前28项以问卷方式测验音乐的兴趣，后22项为音调测验。	信度较高。	4—12年级学生
3	音乐品味（偏好）测验	查默士（Chalmers）	大学生在七级量表上以“喜欢”“不喜欢”对50个随便排列的、分属不同音乐风格的音乐项目做出等级评定，考察其音乐品味和偏好。	再测信度高，效标关联效度好。	大学生
4	音乐偏好量表（Music Preference Scale）	利特和祖克曼（Litle & Zuckerman），1986	共75个题目，其中有49题分别测查7种类型音乐的偏好度，每种类型7个题目。5点评定。	信效度较高。	初中以上的学生

四、音乐素养发展影响因素测查

在测查学生的音乐素养时，还有些因素需要考察，例如学生音乐素养发展的背景因素或影响因素。大致可以分为以下几个层面：

（1）学生自身及家庭背景因素，包括学生自身因素（人口学因素、音乐学习习惯等），家庭背景因素（一般家庭信息、家庭音乐学习条件和氛围、教养方式等）；

（2）音乐教师基本因素，包括人口学变量、音乐教育的情感动机因素、音乐专业训练情况、教学风格及课题组织能力等；

（3）学校音乐教育条件，包括音乐课程设置、学校的艺术氛围或音乐活动、音乐教育保障和管理者的音乐教育理念等。

目前在这些背景因素的测查上并没有标准化的测查工具。不同的研究者根据自己的研究需求往往会开发不同的研究工具。音乐监测工作可以借鉴这些已经开发出来的工具。在文献查阅中发现，在测查学生音乐素养的家庭背景时，家庭音乐环境量表（Home Music Environment Scale，HOMES）被广泛地使用或参考。这个量表分为四个维度：1. 家长对音乐以及和孩子一起参与音乐活动的态度；2. 家长参加音乐会的情况；3. 家里拥有唱片、磁带及播放工具的情况；4. 家长是否会演奏某种乐器。该量表采用 5 点记分，而且可以加总分得出家庭音乐环境整体状况。（Stephen，1992）

第四章
国际音乐教育监测项目介绍

已经有不少国家开展了音乐学科的基础教育质量监测工作。美国早在20世纪70年代就开展了艺术学科（包括音乐、视觉艺术、舞蹈和戏剧）全国性的监测，并在1997年、2008年、2016年又对艺术学科进行了全国性的监测。新西兰的教育质量监测于1995年、1999年、2003年、2007年、2015年对视觉艺术进行了监测，1996年、2000年、2004年、2008年、2015年对音乐进行了监测。英国在其学校督导工作中利用学历和课程大纲管理委员会（QCA）的统考成绩对基础教育质量进行监测，其中包含了对音乐学科的监测。日本早在20世纪50年代就开展了全国学生音乐学力调查。

除了各国自行开展的监测工作，近年来也有大型的国际基础教育质量研究比较项目。其中最有代表性的项目包括由经济合作与发展组织发起的“国际学生评价项目（PISA）”和由国际教育成就评价协会组织的“数学与科学学习国际比较研究（TIMSS）”。但是到目前为止，这些项目还没有对任何艺术学科（包括音乐）进行教育质量监测。PISA项目在背景信息中测查了跟艺术有关的两个指标：一是学生参观艺术馆活动状况，作为学生文化活动指标之一；二是测查学生家庭中的艺术品拥有量，作为社会经济地位的指标之一。

下面本研究将简要介绍一下各国已经开展的音乐监测基本情况和监测内容。

一、美国的音乐监测

1994年3月，克林顿政府承袭布什2000年教育战略的几乎所有内容，用立法程序通过了《2000年目标：美国教育法》，该法令对美国艺术教育（音乐、视觉艺术、戏剧、舞蹈）给予了史无前例的支持，艺术被法定为国家教育目标第三项所列“核心学科”之一。同时规定，同其他核心学科一样，艺术学科要制定国家教育标准，并纳入“国家教育进展评估方案”（The National Assessment of Educational Progress，NAEP）体系中。

（一）监测机构及组织形式

美国对音乐教育进行的评估和监测是由专门的机构来做的，这个机构就是美国“国家教育进展评估方案”（NAEP）。在目前各国已有的教育教学质量监测与评价方案中，NAEP的历史最悠久，最负盛名。NAEP是美国于1969年建立的、独立于教育行政部门的专职机构。1988年，美国国会建立了国家评估管理委员会（National Assessment Governing Board，NAGB），为NAEP制定政策，编订框架和测试规范，NAGB直接向国会负责，NAEP负责执行（辛涛、李峰，2007）。NAEP是美国唯一对学生在各个学科领域的成就进行评估的机构，周期性地对四年级、八年级和十二年级学生进行阅读、数学、科学、写作、历史、地理、艺术和其他领域的评估，为国家、州和地方的政策制定服务。

四十年来，NAEP在美国教育质量评价方面发挥了巨大的作用。整个评价体系尝试着在当前教学努力、课程改革、研究结果与所期待的成就水平之间建立平衡，并通过探求学业表现与教学、家庭背景变量间的关系，指导、引导整个教育体系向着提高教育质量的方向迈进。自从1969年NAEP开始实施以来，艺术（包括音乐）评估和监测一直是该项目的组成部分。

不过受美国教育改革和措施的影响，近几十年来，美国 NAEP 艺术评估相对于其他学科评估来说次数更少，NAEP 艺术评估的范围和频率受到限制。由于资源有限，该评估未在 2019 年进行，取消了唯一的国家级艺术学习评估衡量标准。美国艺术与科学学院（AAAS）下设的艺术委员会在其 2021 年艺术教育案例报告《为生命而艺术》中犀利地指出，政策制定者低估了艺术教育的重要性，反映出美国教育系统中持续存在的不平等。自 20 世纪 80 年代中期以来，白人学生所受艺术教育几乎没有下降，但非裔美国学生所受艺术教育减少了 49%，西班牙裔及拉丁裔学生所受艺术教育减少了 40%，父母未受过高中教育的儿童人数减少了 77%，面向低收入学生的学校通常不提供艺术教育或缺少艺术教师。新冠疫情的影响可能会扩大这些差距，弱势的学生可能会更加落后。

《为生命而艺术》报告提出政策建议，在国家层面应恢复国家教育进展评估方案 (NAEP) 中的艺术评估，且艺术评估应分多个年级进行，并应涵盖所有艺术学科，样本量大到足以分解到州一级。

（二）NAEP 音乐监测工作的依据

音乐是美国四门艺术学科之一。美国 NAEP 对音乐进行评估，其依据主要有两个，一个是美国《艺术教育国家标准》，另一个是《艺术教育监测方案》。

1. 美国《艺术教育国家标准》

1994 年美国出版了第一份《艺术教育国家标准》，由四门艺术学科的国家级组织联合而成的全国艺术教育协会联盟研制。它是衡量 21 世纪美国音乐教育发展水平的最重要标志，同时，在世界艺术教育史上也具有划时代的意义。它的出台，有其深厚的政治、经济、文化背景，并将美国的艺术教育推向了世界的前列。

美国《艺术教育国家标准》就幼儿园至四年级、五年级至八年级、九年级至十二年级这三个阶段，提出了内容标准和成就标准，为以每个学生为对象的教育评估奠定了基础。就内容标准而言，课标中规定，音乐课程以九种代表音乐特质的不同能力呈现，分别是：演唱、独唱和合唱各种曲目；演奏乐器，独奏和合奏各种曲目；即兴曲调、变奏和伴奏；在特定的指导下作曲和编曲；读谱和写谱；聆听、分析与描述音乐；评价音乐作品和音乐表演；认识音乐与其他艺术，音乐与其他非艺术学科的关系；认识音乐和历史与文化的关系。这九个核心能力之下再分幼儿园到四年级、五年级到八年级、九年级到十二年级三个阶段制定成就标准，随着年级的增加，增加一些新的要求。例如，对于演唱能力的要求，一到四年级能独唱、音高与节奏准确，用适当的音色、咬字与姿势，并能维持稳定的拍子；五到八年级能正确地唱，并在其音域中合适地控制呼吸，自己唱，在小团体或大团体中唱；九到十二年级能有表情地唱，以正确的技巧掌握大量曲目。就成就标准而言，《艺术教育监测方案》对音乐成就水平进行了界定和描述，并分为三个等级："初级"表示掌握了部分内容但表现只达到最低学习要求。熟练表示取得了坚实的学业成就并具备应付困难主题的能力，正如《艺术教育国家标准》中建议的那样。"高级"表示所达到的成就相当于顶尖学生的水平。

2.《艺术教育监测方案》

《艺术教育监测方案》（Arts Education Assessment Framework）指导NAEP艺术学科的监测内容和监测工具的开发，可以说是监测工作的蓝图，由大量艺术教育家、艺术课程专家、政策制定者、商界代表、公众代表等经过大量讨论、协商，达成共识后制定而来。

1997年和2008年，NAEP《艺术教育监测方案》的研制，都是基于《艺术教育国家标准》的框架。NAEP《艺术教育监测方案》与《艺术教育国家标准》由同一拨领导人领导编制，而且四分之一制定《艺术教育国家标准》的专家同时也是《艺术教育监测方案》的制定者。这样，艺术教育的标准与评价就合并为一个模式，这在美国艺术教育史上是前所未有的。NAEP的评估计划委员会（Assessment Planning Committee）为四门艺术学科各自设立了一个专委会。每个专委会的委员来自各特定学科中各类专家的代表、该学科的国家标准课题组的代表以及该学科国家级学会的主席。《艺术教育监测方案》与《艺术教育国家标准》在艺术教育理念上一致。由于监测工作需要反映艺术教育目标和课程的变化，《艺术教育监测方案》必须具备前瞻性、反应性，并能在实际教育实践和最新研究进展中取得平衡。

《艺术教育监测方案》创造了一种特别的矩阵，用于指导评估框架的研制。同时，它有助于保证各门艺术的评估之间具备一种一致性（见图 4-1）。这个矩阵对四门艺术的分析是从过程和内容两个方面展开的。过程包括：（1）创造；（2）表现；（3）反应。内容包括：（1）知识；（2）技能（感知技能、技法技能、表现技能和智力反思技能）。如图 4-1 所示，音乐和舞蹈的性质决定了学生可以被视为创造者和表演者来接受评估。在戏剧中，创造和表演则融为一体。其理由显而易见，因为即便是现成剧目的表演，也要求学生在灯光、置景、服装、导演和人物塑造中做出创造性决策。在视觉艺术中，学生则被视为创造者而不是表演者接受评估。就反应而言，它适用于所有四门艺术。矩阵中的内容部分，即知识和技能适用于各门艺术，通用在四门艺术之中。《艺术教育监测方案》提出：艺术监测将要测量四、八、十二年级学生在音乐、戏剧、舞蹈和视觉艺术中创造、表演和反应的知识和技能。由于经费限制和开课率的问题，1997 年 NAEP 只测了八年级的音乐、戏剧和视觉艺术，2008 年 NAEP 只测了八年级的音乐和视觉艺术。

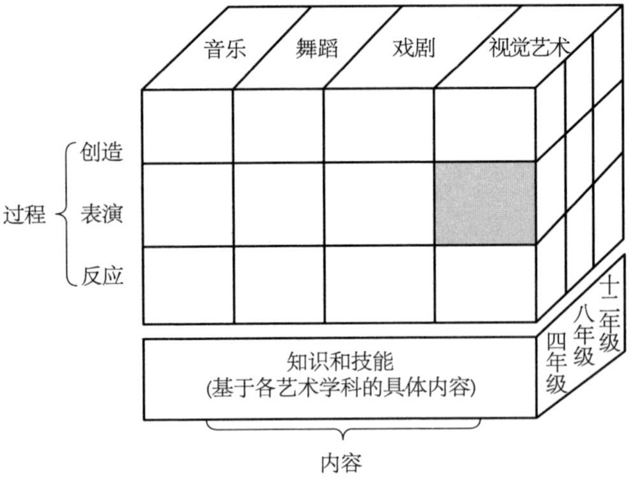

图 4-1　NAEP 艺术教育评估框架矩阵

（三）音乐监测指标体系

美国艺术监测的历史如表 4-1 所示。到目前为止，音乐监测已经做了 4 次。

表 4-1　美国艺术评估的历史

年份	监测学科
1971—1972	音乐
1974—1975	视觉艺术
1978—1979	音乐、视觉艺术
1997	音乐、视觉艺术、戏剧
2008	音乐、视觉艺术
2016	音乐、视觉艺术

1971—1972 年的监测指标大致包括以下这些内容：

- 表演（演唱、演奏、创作、即兴）
- 读谱（记谱法知识、辨认作品的记谱、视唱）
- 欣赏与理解（音乐的基本要素、结构、功能、风格）

- 音乐知识（术语、乐器、表演形式、背景知识、音乐史知识）
- 音乐资源常识（音乐活动场所、音乐参与机会）
- 音乐判断力（作品价值、个人经验）

1978—1979 年的监测指标略有变化，主要强调了音乐的历史、文化背景和音乐判断能力，淡化了具体的音乐读谱知识（刘沛，1998）。由于前两次是在 20 世纪 70 年代做的，与现在的监测内容已经相去甚远，可借鉴性也不高。

1997 年和 2008 年的《艺术教育监测方案》中，音乐被定义为“一种以声音为传播媒介的艺术表达形式”。方案中详细制定了音乐监测的指标体系，而且给出的评估框架相同，如表 4-2 所示。音乐过程包括创作（作曲和即兴创作）、表演（演奏、演唱和指挥）和反应（听赏、律动、分析和批评）。音乐使用一套独特的符号。音乐表演要求学生具备综合发展的智力 / 认知技能、情感技能和心理运动技能。

创作

音乐表演者在阐释一件音乐作品时也是在创造。然而，就本评估框架而言，创作在这里特指即兴和创作新音乐。即兴表演时，音乐家在由特定表演风格设定的限制或框架内自发地创作原创作品或变奏。例如，以布鲁斯风格即兴表演的人就在布鲁斯风格的限制之内创造性地进行工作。在创作音乐时，学生通常可以自由地创造他们想象到的东西，包括自由选择任何风格或流派。学生在将他们的作品公之于众之前还应该花时间对它们做出评价和修正。

表演

所有学生都应该能演唱以及在乐器上进行表演。就全国性评估而言，表演指的是演唱和演奏已有音乐作品（曲目）的过程。表演过程涉及广泛的批判性判断以及对音乐句法的深层理解，要对音乐进行阐释并把这种阐释表演出来。和所有艺术一样，学生在创作和表演音乐时总在不断地运用和锻炼高级思维，诸如分析、综合和评价。

反应

尽管作曲者和表演者也对他们正在创作和表演的音乐进行反应，但NAEP 的反应过程主要关注观众这个角色。作曲者、即兴者和表演者总是试图诱发观众的反应，因此学生必须学会理解音乐并对其做出反应。

个体对音乐做出反应的方式大体有三种：身体反应、智力反应和情绪反应。对音乐的身体反应即为动作，例如舞蹈或其他有节奏的动作。对音乐的智力反应包括对作品进行命名、分析、分类、将其放到特定的背景当中以及对作品或表演做出评判性的判断等活动。情绪反应即为音乐引发的广泛情绪。所有这三种反应都在对音乐做出个人判断中起着重要的作用。

作为一个整体的音乐艺术过程，NAEP 将对学生实施创作、表演和反应过程的能力进行评估，而每一个过程又是由若干必要成分或步骤组成的。例如，所有这三个过程都涉及分析和评价。这三个过程还要求学生理解音乐的句法以及音乐的文化和历史背景。

知识和技能

和所有艺术一样，音乐中的知识和技能非常紧密地交织在一起，几乎不可能将它们分离开来。音乐知识包括音乐的背景、音乐的形式和结构，以及音乐过程。知道音乐背景包括理解作品创作的历史时期、风格和文化；了解那个时期或地域的表演传统；了解评判作品及其表演品质的合适的审美标准。知道形式和结构包括理解音乐的建构板块，即音乐作品的素材、符号、元素和形式。知道音乐过程包括理解在创作新作品、表演已有作品或对听到的作品或表演发表意见时所涉及的判断的序列和标准。

表 4-2　音乐的艺术过程

<table>
<tr><th colspan="2">音乐的艺术过程</th></tr>
<tr><td colspan="2">创作——即兴、作曲或改编音乐时，学生：</td></tr>
<tr><td colspan="2">应用历史的、文化的以及审美的见解，创作风格恰当的改编、变奏和即兴。
使用标准的和 / 或非标准的记谱来表达独创的思想。
对原创作品进行连续多次的评价、提炼和修订。
在对音乐元素的选择和使用中展现出技能和表现力。
把创作的作品呈现给他人。</td></tr>
<tr><td colspan="2">表演——演唱或用乐器演奏音乐时，学生：</td></tr>
<tr><td colspan="2">选择恰当的曲目。
运用技能进行技术准确的表演。
应用对于音乐结构以及文化和历史背景的理解，对音乐做出恰当而有表现力的阐释。
准确识读音乐符号。
对表演做出评价、提炼和修正。
将表演呈现给他人。</td></tr>
<tr><td colspan="2">反应——感知、分析、阐释、批评和判断音乐时，学生：</td></tr>
<tr><td colspan="2">选择听赏的曲目。
分析音乐的元素和结构。
比较和对比不同的音乐风格。
识别区分特定音乐风格的形式特征和表达特征。
将音乐放到文化和历史背景中去。
对音乐表演和音乐作品的技术特征和表达特征做出批判性判断。
使用律动或语词来阐释和描述个人对音乐的反应。</td></tr>
<tr><td colspan="2">基于音乐的特有内容</td></tr>
<tr><td>知识——学生应用以下知识：</td><td>技能——学生应用认知、情感和运动技能，包括：</td></tr>
<tr><td>背景（个人的、社会的、文化的、历史的）
审美
形式和结构
过程</td><td>知觉的
智力的 / 思考的
表达的
技巧的</td></tr>
</table>

音乐技能使得个体能在创作、表演音乐或对其做出反应的过程中应用他们的知识。技巧是学生将他们的音乐思想转化为能够准确传达这些思想的新作品或表演的身体能力。尽管技巧对于创作和表演过程来说很重要，其他一些技能同样也是重要的。知觉技能使得学生能够听到并阐释组成音乐的那些细节。这些技能让学生能在头脑中回忆起音乐，即使音乐在听觉上并不存在。表达技能赋予作品意义和感情并由此打动观众。这些技能也是识别作品或表演中的表达并对其做出反应的基础。

二、新西兰的音乐监测

（一）监测机构及组织形式

新西兰国家教育监测项目（National Education Monitoring Project，NEMP）启动于1993年，由国家教育部委托奥塔戈大学（University of Otago）的教育评估研究单位（Educational Assessment Research Unit，EARU）进行，核心任务是对新西兰中小学生在学校课程所涉及的各领域达到的成就水平进行评估和报告。评估在两个年级进行：四年级（小学教育的半程）和八年级（中学教育的半程）。项目以四年为一个周期，每年对不同的课程领域和技能进行评估。全国监测的主要目标是提供有关学生学业成就的详细信息，以便能够识别出成绩模式，设计并实施有力的教育变革。

在NEMP（National Education Monitoring Project）施行时期，分年度考察不同学科；每年都开展一次全国性的教育质量检查，四年为一个循环。艺术在新西兰的学校课程中是一门核心课程，一共包含4门学科：音乐、舞蹈、戏剧和视觉艺术。但在NEMP施行时期，只评估了音乐和视觉艺术。从1996年开始，每四年监测一次音乐教育质量，开展音乐监测的年份是

1996 年、2000 年、2004 年和 2008 年。

2010 年 NEMP 项目被国家学生成就监测研究（National Monitoring Study of Student Achievement，NMSSA）所替代。NMSSA 是奥塔戈大学、新西兰教育研究委员会和教育部之间的合作项目，因此，NMSSA 自运行之始，就以NEMP（1995—2010）的优势为基础。2015年，国家学生成绩监测研究（NMSSA）评估了新西兰课程四年级和八年级艺术领域的学习成绩，包括舞蹈、戏剧、音乐－声音艺术和视觉艺术四个艺术学科。全国监测的主要目标是识别和监控教育成绩的趋势；探索影响学生成绩的因素；为决策者和课程专家提供可靠的信息，以进行教育规划；深入洞察以帮助学校改进教学。

（二）音乐监测指标体系

新西兰监测的主要依据是《艺术教育国家标准》，全国监测的测试题目包含了现行课程中的大部分内容。标准提出了艺术在 4 个方面的成就水平，各分为 8 级。这四个方面分别是：学习和积累艺术的实际知识；发展艺术意识；学会用艺术交流和解释；理解各种文化中的艺术。新西兰音乐监测方案与新西兰《艺术教育国家标准》在音乐学科上的理念一致。NEMP 的具体测量内容请见表 4-3。

主题“制造、理解音乐和对音乐做反应”为任务开发设定了一个广阔背景。

内容维度强调了有关音乐的四大方面：创作、表演、理解音乐和对音乐做反应。

过程维度列出了学生在处理内容的同时理应表现出来的技能、知识和理解。技能、知识和理解之间的高度联结既存在于过程维度内部也贯穿了整个框架。

动机和投入维度强调了搜集学生音乐方面的兴趣、态度、信心和投入等信息的重要性，这些信息既包括学校情境也包括学校之外。教育研究和实践确证了学生动机和态度对成就及学习结果的影响。

表 4-3　NEMP 音乐评估框架

<table>
<tr><td colspan="4">音乐评估框架</td></tr>
<tr><td colspan="4">核心组织主题
创作、理解音乐和对音乐做反应</td></tr>
<tr><td>内容维度</td><td colspan="2">过程维度</td><td>动机和投入维度</td></tr>
<tr><td>创作
制作音乐

表演
演奏和演唱音乐

反应
听赏和阐释音乐

理解
了解音乐</td><td>技能
在合适的社会和文化背景下表现音乐技能的活动：
听
通过动作来反应
演唱
演奏
指挥
作曲和即兴
阅读
记谱</td><td>知识和理解
旋律和音高
节奏
音色
和声
结构
形式
力度
情绪
风格
曲目
目的和功能</td><td>兴趣
投入和参与
信心
喜爱
灵感
尝试新想法的意愿
对不同音乐风格的接受度志向</td></tr>
</table>

NMSSA 于 2015 年进行了音乐－声音艺术评估，近几年因疫情原因还未有再次评估。2015 年的测评基于 NEMP 的工作，以测评任务和测评工具为导向进行报告。NMSSA 将艺术视为解决艺术问题的学习领域，具有多学科性质。NMSSA 评价依据仍然是课程标准中的学业成就目标。NMSSA 音乐测评核心内容是音乐成就和音乐学习态度评估。其中，音乐成就评估的具体指标见表格 4-4。

表 4-4　NMSSA 音乐成就评估指标

维度	指标
歌唱	和声 合唱 声音质量
演奏	节奏 音高 技巧 识别乐谱
反应	对音乐的回应和反思
创作、读谱和录制	基于技能的创造力 音景 / 作曲 歌曲 音乐技术

三、日本的音乐监测

（一）监测机构及组织形式

日本早在 20 世纪 50 年代就开始了全国抽样学力调查。据了解，到目前为止日本历史上有两次比较大规模的音乐学力调查，分别在 1958 年和 1966 年进行。

日本自 1961 年起开始实施针对若干年级的全国学力统考，其目的是掌握全国中小学生的学力水平，同时使地方和学校找到各自在全国总体水平当中的相对位置，进而促进学校教育教学的改善。然而，这一考试当时却导致了各个地区和学校对名次的争夺。全国学力统一考试从 1965 年起被中止，而抽样考试也在 1966 年之后停止。虽然 20 世纪 80 年代有所恢复，但是由于考试数据并不公布，所以社会反响不是很大。（李协京，2008）

2004年国际学习成绩调查PISA项目公布的结果说明：日本学生的阅读和理解能力大幅度降低的同时，数学和理科等学科的学习成绩也有下降的趋势。在其他大型国际比较项目如TIMSS中，学生学力也有所下降。日本全国学力调查是文部科学省迫于“学力下降”的危机感，为提高学力所采取的重要举措之一。文部科学省恢复终止了40多年的全国指定年级全体学生参加的学力调查，其根本目的在于掌握各地区学生的学力和学习状况，分析存在的问题，从而调整教育政策，提高教学质量。从2007年开始，每年都在新学期开学后进行全国统一学力调查考试。目前，学力调查由文部科学省下辖的国立教育政策研究所（The National Institute for Educational Policy Research，NIEPR）实施，在全国举行针对小学六年级和初中三年级全体学生的学力考试。它包含两大部分的内容即学力考试部分和学习状况调查部分，学力考试部分只调查语文和数学，目前还没有测查音乐学科。

（二）音乐监测指标体系

1. 1958年日本全国音乐学力调查

1958年日本全国学力调查学科涉及音乐、图画、劳作、家庭、课外活动、保健体育、英语等。其中只有小学调查了音乐和图画，初中和高中没有调查音乐和图画。音乐用时25分钟。（缪裴言等，1999）试卷共8道题，题目组成如下：

4题是实音测验，即必须听音进行回答。各题的内容分别是：听辨大调和小调的能力；听辨拍子的能力；听辨速度的能力；听辨音与乐谱的对照。

另外的测试题目内容分别是：在唱名下的五线谱上写出相应的音符；指出音符的唱名；音乐记号的理解；乐谱的组合。

2. 1966年日本全国音乐学力调查

1966年全国音乐学力调查中，音乐用时25分钟，学生为小学五年级。

试题的大部分使用广播台进行（缪裴言等，1999）。试卷共 10 道大题（30 小题），题目组成如下：

第一大题：演奏形式的认识和理解问题。其中第 1 小题是听演奏（唱），听辨是齐唱还是轮唱或合唱。

第二大题：拍子感和节奏感。第 2 小题是听弦乐四重奏、钢琴独奏、钢管四重奏。

第三大题：速度感。第 3、第 4 小题是听钢琴演奏，听辨音乐速度的变化。

第四大题：旋律的记忆力、句子感和曲式感。第 5、第 6 小题，先听一个短的曲调，然后听一段较长的曲调，指出刚才的短曲调在长曲调中出现的次数。

第五大题：调性感。第 7 小题，听一段曲调，辨别是大调还是小调。

第六大题：和声感。第 8 小题，听小提琴的旋律和钢琴的伴奏，说出他们的配合是不是合适。

第七大题：音色感和乐器的认知。第 9、第 10 小题，听演奏，判断出演奏的乐器。

第八大题：识谱能力。为音符注上唱名（C 大调和 F 大调）。

第九大题：强弱记号的理解。

第十大题：歌曲的识谱能力。

四、英国的音乐监测

英国的教育质量评估由英格兰教育标准局（Office for Standards in Education，OFSTED）负责。英国对 5—7 岁、7—11 岁、11—14 岁和 14—

16 岁这四个所谓义务教育“关键阶段”的学生进行评估，以考察学校教学质量。学校教育质量评估体系包括学校效能、学业水平、学校提供的教育质量等方面，但核心是学生的学业成绩。学业成绩采用英国学历和课程大纲管理委员会（Qualitifications and Curriculum Authority，QCA）的统考考试结果。5—7 岁学生只需要接受阅读、写作和数学的教师评估，7—11 岁、11—14 岁学生则要参加这三个方面的国家考试，11—14 岁学生还要接受历史、地理、外语、艺术和设计、音乐等多个方面的教师评估，14—16 岁的学生则需要参加国家组织的涉及更多学科的中等教育普通证书考试（General Certificate of Secondary Education，GCSEs）。（辛涛等，2007）

因此，英国对音乐的监测评估是在 11—14 岁和 14—16 岁阶段，音乐监测的内容与国家统考内容一致，并没有额外开发音乐监测指标体系。

第五章 中小学音乐教育评价原则及在我国的实践

近年来，随着素质教育不断向前推进，我国中小学音乐教育取得了令人瞩目的成绩。但是中小学生的音乐素养到底怎么样，在全国开展艺术监测之前很少看到相关的调查评估结果。以前的评估多从教学改革评价的角度进行，评价时或者过分悲观，抹杀了成绩，或者又盲目乐观，夸大了成果，这对我国音乐教育改革和发展很不利。（郭声健，2004）以往音乐教育评估常出现的问题具体表现为：

第一，音乐教育评价的基础理论研究比较薄弱，缺乏科学、系统、完整的音乐教育评价的理论支持。

第二，指标体系的设计缺乏坚实的科学依据，操作性较差。音乐教育评价指标体系单一，现在的评价指标基本上只针对学生知识、技能的掌握，忽视情感、态度、价值观等方面，忽视了学生的个别差异，不能准确地反映学校音乐教育的实际状况。

第三，音乐教育评价期望与评价行为相互脱节，评价经验积累与理论抽象还不够，评价技术的创新和评价技术的掌握运用都还需要进一步探索。

第四，音乐教育评价过于强调结果评价，注重横向比较、强调终结性的评价结论，而忽视了对教育过程的评价。

因此，需要从提高学生音乐素质的视角出发开展学生音乐素养评价，建立健全、科学的学生音乐素养和学校音乐素养的评价机制。通过科学的评价，透视中小学音乐教育中的问题，提出相应的政策建议。

一、对音乐素养的概念界定需要进行广泛论证

在音乐学科基础教育质量监测中，有一些基本的理论问题需要深入思考。音乐学科监测学生的音乐素养，究竟是测查音乐学科能力，还是监测国家音乐课程标准被执行的程度？还需不需要测查其他内容？这其实是基础教育质量监测本身的理论定位问题。随着我国基础教育质量工作的不断推进，这个定位将会越来越清晰。

国家基础教育质量监测协同中心开展的学科监测，无论如何定位，其中一个非常重要的目标是不变的，即监测学生为了更好地适应未来生活所必须具备的终身发展的学科能力。对于音乐学科而言，就是要监测学生的音乐能力。

那么，音乐能力的概念又该如何界定？本研究通过对国内外音乐评价前沿的分析，认为基本音乐能力是个体音乐素养终身发展的能力基础，并对基本音乐能力做了一个初步界定：基本音乐能力包括个体对几个最重要的音乐构成部分（音高、音强、音长、音色、节奏和旋律）的感知辨别能力，以及音乐记忆能力。基本音乐能力主要指听觉辨别能力，是音乐能力的一个基本构成因素，是所有其他音乐能力构成因素的发展起点。基础教育质量监测工作有其特殊性，不同于人才选拔，也不同于一般的课程评价，其对音乐能力测评需要包含基本音乐能力评价，但是又不能局限于此。其中，还有几点需要特别注意：除了基本音乐能力，音乐能力还包含丰富的内容，诸如创造能力、表现能力和评价能力等；音乐能力与音乐成就在实际测查中并不易划清界限，音乐能力测查往往测的是经过一定音乐训练后

得到的音乐成就。音乐素养测评到底如何界定音乐能力仍然需要进一步广泛和深入的讨论。

二、多方位全过程进行音乐素养评估

评价是整个音乐教学的重要环节，音乐课程的评价坚持学生全面发展的方向，既注重学生音乐能力的发展，又注重人文素养的提高。音乐课程的评价注重学生在原有水平上的发展，尊重学生富有个性或独特的表达方式，注重学生在文化背景、社会环境、经济状况、语言、性别方面的差异，给予公平对待。在知识技能的评价上，不强求一律，对学生的点滴进步给予鼓励和肯定。对学生的评价应关注情感态度与价值观和知识与技能方面的指标，还应考察学习过程与方法的有效性。

研究国内外教育质量评价项目中的标准和评估体系，可以看到教育质量的内涵是多方位、全过程、多层次的。在内容上，既包括学业，也包括学习的态度和运用知识的能力，以及适当的价值观和生活方式；在过程上，既包括课程标准，也包括教学及其结果；在评估层次上，涵盖了微观、中观和宏观，从评估学生、教师到学校管理、地方教育行政，进而在国家层面上讨论教育政策、投入和教育改革等。（辛涛等，2007）

因此，在内容上，对学生音乐素养进行评价，要做到“多方位全过程”。要考查学生基本的音乐知识技能以及音乐的感知与欣赏、表现与创造、反思与评价、交流与合作等方面的音乐能力，对音乐的兴趣爱好与情感反应，音乐实践活动中的参与态度、参与程度、合作愿望及协调能力，音乐的体验与模仿能力，探究音乐的态度与创编能力，对音乐与相关文化的理解以及审美情趣的形成等。音乐是一门艺术学科，不同于其他的学科，更强调过程。我们应避免以应试教育的方式来考核学生的音乐知识和能力。

三、厘清音乐教育质量监测与国家音乐课程标准的关系

音乐学科基础教育质量监测工作与国家音乐课程标准究竟应该是一个怎样的关系？我国进行音乐学科监测时，是否要以国家音乐课程标准为依据？是否要以考察课标被执行的程度为监测目的？这是基础教育质量监测工作一个基本理论问题。

就国际上的情况来看，目前从国家层面进行的音乐学科教育状况评估项目，多是采用与国家课标紧密结合的方式，如前面已做介绍的美国、新西兰、英国等国家。美国音乐监测与其课标的紧密结合，《艺术教育监测方案》与《艺术教育国家标准》在同一拨领导人领导下编制而成，参与《艺术教育国家标准》制定的专家有相当一部分同时也是《艺术教育监测方案》的专家。监测方案与课标在艺术教育理念上彼此一致。新西兰音乐监测与其课标的关系也是紧密结合的，全国监测的测试题目包含了现行课程中的大部分内容。

目前我国对音乐教育质量进行监测，既考察课标在中小学教育中的落实状况，同时又超越已有课标，引领中小学音乐教育未来发展。

四、中小学音乐教育评估在具体操作上的借鉴

本研究搜集了大量音乐素养有关的测评工具，并分析了一些国内外的音乐学科评价项目。在分析这些文献的过程中，研究者认识到，音乐素养内涵丰富，鉴于学科的特殊性，对其进行评价在具体实施和操作上有很多

的复杂性。因此，在具体操作上需要更多地参考国内外已有的经验。

应进行多层面评估（学生，教师，学校，家长）。多方位全过程监测学生音乐素养，就需要考察不同层面的内容。除了学生自身的角度，还需要将教师、学校和家长等多个层面纳入这个评估体系中来，有助于更深入分析学生音乐素养和学校音乐教育质量的内涵和影响因素。

应采用多种测评工具相结合，发挥不同测评方法各自的优势，以便获得真实可靠而又全面的学生音乐素养数据。问卷调查简单易行，且能揭示当前音乐教育改革中尤为强调的一些内涵，包括学生对音乐的态度、兴趣、投入、愉悦和自信等心理层面。表现型测评费时费力，但能有效地反映音乐素养中一些精细、深入的重要内涵，如创造性和想象力等，保证音乐素养测评的真实性（NAEP，2008）。另外，大规模教育评价是教育质量监测的有效方式，应用大型测验编制流程和相关技术，编制音乐素养标准化纸笔测验，为音乐教育的测评提供简便而可靠的测查工具。

五、音乐学科教育质量监测体系和工具研发基本原则

开展音乐学科教育质量监测工作，需要分析教材、课标，分析音乐评价前沿文献以考察其评价框架、素养的内容，并对大型测评项目进行比较研究，充分借鉴国际经验。在此基础上，再进行监测标准和工具开发。监测指标体系与工具研发的基本原则是：

（一）严谨的科学性：指标体系的制定涉及众多的领域，只有音乐、音乐教育、教育测量与评估等多个学科共同参与才能完成；

（二）高度的权威性：要汇聚相关领域国内著名的专家一起研发，汇聚专业力量，能够体现国内研究的最高水平；

（三）广泛的代表性：研发人员不但包括来自高校和研究机构的专家学者，还包括来自教育教学一线的教研员和优秀教师；

（四）严格的程序性：标准研制和工具研发的过程严格遵循标准化程序，保证参与的专家能最大限度地贡献其智慧，同时又确保制定过程的推进速度。

六、中国音乐基础教育质量监测进展

目前，我国国家层面的音乐教育评估主要就是每三年进行一次的全国中小学艺术教育质量监测，主要监测国家规定的音乐和美术这两门美育必修课程的教育质量状况。艺术监测由国家基础教育质量监测协同创新中心组织实施，以《义务教育音乐课程标准（2011 年版）》《义务教育美术课程标准（2011 年版）》为依据，突出素质教育导向，重点测查学生的艺术学习质量，关注学生艺术兴趣的培养，强调学生自觉参与艺术活动的意识。监测同时结合国家相关政策规定，对学校艺术教学资源、艺术教师状况进行了调查，以反映各地艺术课程的实施状况与国家相关政策的执行情况。

2016 年，国家基础教育质量监测协同创新中心进行了第一次全国中小学艺术教育质量监测工作。本次艺术监测包括音乐和美术两个学科的教学质量状况。其中，音乐部分主要测查了学生的音乐欣赏能力、编创能力和演唱能力。2019 年进行了第二次全国中小学艺术教育质量监测工作，并发布了《2019 年国家义务教育质量监测艺术学习质量监测结果报告》，全面客观呈现了我国义务教育阶段艺术教育质量状况。本次艺术监测聚焦音乐、美术两个学科，基于课程标准，在纸笔测试的基础上还进行了学生现场演唱和绘画创作等表现性测试，充分体现学科特色和能力导向，其监测指标与监测工具如表 5-1 所示。学生音乐表现监测指标主要包括音乐听辨能力、音乐作品赏析能力、音乐基础编创能力和演唱能力。

表 5-1　艺术学习质量监测指标与监测工具

监测指标		监测工具
学生音乐表现	音乐听辨能力、音乐作品赏析能力、音乐基础编创能力	音乐测试卷
	演唱能力	音乐演唱测试
学生美术表现	美术基础能力、美术作品赏析能力、美术知识生活运用能力	美术测试卷
	绘画创作与表达能力	美术绘画测试
学生艺术态度与活动参与	对艺术课的兴趣、对艺术教师的喜欢程度、校内艺术活动参与、校外艺术活动参与	学生问卷
学校艺术教育实施状况	艺术教师配备、艺术教师培训、艺术教师教研、艺术教学资源配备与使用	艺术教师问卷、校长问卷
学生家庭艺术环境	学生家庭艺术氛围	学生问卷

2019 年艺术监测结果反映出我国义务教育阶段的艺术教育取得了一定成效：超过六成学生演唱能力、绘画创作与表达能力达到中等及以上水平；学生艺术学习兴趣较高，八成以上学生喜欢艺术课和艺术教师，约五成四年级学生和两成八年级学生每周参加校内艺术兴趣小组或社团活动。监测结果还表明我国义务教育阶段的艺术教育教学条件逐步改善：艺术专职教师比例、各项艺术教学资源配备率与 2016 年即上一轮艺术监测相比均有所提升。

我国的音乐学科基础教育质量评价工作还有很长的路要走，需要经历一个长期积累、不断努力的过程。首先，应树立正确的音乐教育质量监测指导思想和原则，按照科学发展观的要求，以全面实施素质教育、促进教育公平、提高教育质量为目标，通过对全国音乐教育质量的监测，准确把握音乐教育质量的现状，科学分析音乐教育发展过程中存在的问题，以便为音乐教育管理和教育决策提供准确、有效的依据。其次，要逐步形成国家、省（自治区）、地市、县四级音乐教育监控网络，建立起覆盖全国的音乐教育质量监测系统，以便为国家制定和调整政策提供更加及时、科学、准确的依据，为地方的教育行政和教育管理提供支持。同时，还要加强与音乐教育质量监测相关的专业人员的培养和专业队伍的建设。音乐教育质量监测工作是一个多领域专家共同参与、具有高技术含量的专业工作，涉及音乐教育学、音乐心理学、教育测量学、教育统计学以及教育管理与政策分析等多个领域。然而目前我国的音乐测评领域的研究人员数量很少，音乐测评水平有待提高，因此开展专业领域人员的培养，加强与相关专业研究者的沟通并组织他们参与音乐测评工作，是保证该领域专业水平的前提。

附录
音乐及其心理行为效应研究

表附-1 音乐及其心理行为效应研究

学术文章（研究者、年代、题目、发表期刊）	研究主题	研究变量	研究工具	结论
音乐与智力的关系				
Christine H(1985). A Comparison of the Music Aptitude, Scholastic Aptitude, and Academic Achievement of Young Children.Psychology of Music，13.	音乐潜能与智力、学业成就的关系	音乐潜能	PMMA(Gordon)	以小学1、2、3年级学生为被试，智力与音乐潜能相关系数为0.33，其中言语智力与音乐潜能相关较高。但从效应值看，音乐潜能与智力并非高相关。 音乐潜能与学业成就相关高于与智力的相关。整个学业成就和音乐潜能相关高达0.56。本研究某种程度上支持音乐潜能可以预测学业成就。
		智力	Wechsler Preschool and Primary Scale of Intelligence (WPPSI，1967)，施测于小学一年级。Wechsler Intelligence Scale for Children-Revised (WISC-R,1974)，施测于小学二、三年级。	
		学业成就	California Achievement Tests，Form C	

（续表）

学术文章（研究者、年代、题目、发表期刊）	研究主题	研究变量	研究工具	结论
Susanne B & Thomas H.R(2003).Differences in Mental Abilities between Musicians and Non-Musicians. Psychology of Music,31(2):123-138.	以音乐家与非音乐人士为被试，探讨音乐经验对个体智力的影响	智力	Cattell’s Culture Free Intelligence Test	测量成人音乐家和非音乐人士基本心理能力，包括言语理解、词语流畅性、空间、感知速度、推理、数和记忆。两类人在整个量表上差异不显著，在言语记忆和推理上差异显著。音乐家言语记忆能力比非音乐人士好，非音乐人士在推理上比音乐家好。
Sima H.A et al(2002). Relations among musical skills,phonological processing,and early reading ability in preschool children.J.Experimental Child Psychology,83:111–130.	4-5 岁儿童音乐知觉技能与语音意识、阅读技能的关系	音乐知觉技能	sequential(rhythm and melody) and simultaneous(chord) music tasks	音乐知觉技能与两者相关性均显著。
		语音意识	Rhyme Generation,Oddity,Blending,The Rosner Test of Auditory Analytic Skills	
		阅读	The reading subtest of the standardized Wide Range Achievement Test-3(WRAT-3)	
		词汇	the Peabody Picture Vocabulary Test—Revised(Dunn & Dunn,1981)	

（续表）

学术文章（研究者、年代、题目、发表期刊）	研究主题	研究变量	研究工具	结论
音乐与记忆				
Franklin M S et al(2008).The effects of musical training on verbal memory,-Psychology of Music,36(3):353-365.	以音乐人士和非音乐人士为研究对象，考察音乐训练对言语记忆的影响	言语记忆	一系列言语记忆任务	音乐家具有一定的言语长时记忆优势，其言语工作记忆广度更大。这可能是音乐家优越的言语背诵机制导致的。
John J.Music skill and Cognition.in Michael G(2008).Learning,Arts,and the Brain The Dana Consortium Report on Arts and Cognition.Published by Dana Press,New York/Washington,D.C.	音乐人士与非音乐人士的言语记忆	长时言语记忆	长时记忆测验 fMRI（功能磁共振成像）中记忆任务	测量长时记忆能力，发现音乐人士比非音乐人士得分要高。使用 fMRI 对两类人在长时言语记忆中的脑电活动进行分析，发现在背诵过程中，音乐人士比非音乐人士有更多的脑电活动。

（续表）

学术文章（研究者、年代、题目、发表期刊）	研究主题	研究变量	研究工具	结论
音乐与学业成就				
AndreaM(2005).Astudyoftheeffects of visual spatial and musical intelligences on sixth grade Ohio Proficiency Test(OPT) math scores.Dissertation.The George Washington University.	音乐和视觉智力是否与OPT的数学正相关	音乐智力	MIDAS-KIDS，测量个体音乐智力（器乐、音乐欣赏、音乐感等）以及视觉艺术能力（艺术设计、建构和想象）	有乐器练习经验的学生在OPT数学得分高于没有经验的。音乐智力（乐器）与OPT数学的得分正相关。视觉艺术智力（艺术设计）与OPT数学得分正相关。
		数学成就	the math portion of the OPT(Ohio Proficiency Test)	
音乐与情绪				
Nikki S.R(2004). Intense emotional responses to music:a test of the physiological arousal hypothesis.Psychology of Music;32:371.		音乐刺激	四种音乐刺激材料：relaxing music,arousing(but not emotionally powerful) music,an emotionally powerful film scene,and a music piece selected by participants as ‘emotionally powerful’.	与其他疗法相比，音乐疗法能显著增加皮肤电导率和发颤次数，能降低焦虑水平。
		客观情绪生理	skin temperature(TEMP;oC),pulse(HR;bpm.),skin conductance(SC; μ S) and muscle tension(EMG; μ V)	
		主观情绪评价	Spielberger’s(1983) State Trait Anxiety Inventory(A-state)	

（续表）

学术文章（研究者、年代、题目、发表期刊）	研究主题	研究变量	研究工具	结论
音乐与人格的关系				
Rentfrow P J,Gosling S D(2003).The do re mi’s of everyday life:The structure and personality correlates of music preferences. Journal of Personality and Social Psychology.84(6).	人格、认知能力与音乐偏好的关系	音乐偏好	the Short Test of Music Preferences(STOMP）由 14 种类型的音乐组成，四个维度。7 点评定。	人格维度中，外向性、开放性与音乐偏好相关相对较高，宜人性、社会支配性与音乐偏好相关显著。认知能力中，只有言语能力与音乐偏好相关显著。
		人格变量	the Big Five Inventory(BFI,John & Srivastava,1999)，由 44 个项目组成，5 点评定。 the Personality Research Form-Dominance(Jackson,1974),16 个项目。 the Social Dominance Orientation Scale(Pratto,Sidanius,Stalworth,& Mallle,1994),14 个项目，7 点评定。 the Brief Loquaciousness and Interpersonal Responsiveness Test(Swann & Rentfrow,2001)，5 点评定。 the Rosenberg Self-Esteem Scale(Rosenberg,1965)，10 个项目，5 点评定。 the Beck Depression Inventory(-Beck,1972),13 个项目。	
		认知能力	the Wonderlic IQ Test(Wonderlic,1977)，测量言语和分析推理能力。50 个项目。12 分钟完成。	

（续表）

学术文章（研究者、年代、题目、发表期刊）	研究主题	研究变量	研究工具	结论
Kelly D.S and Gregory T.F(2003).Music Preferences,Personality Style,and Developmental Issues of Adolescents.Journal of Youth and Adolescence,32(3):205–213.	音乐偏好与人格变量、成长问题变量之间的关系	音乐偏好	音乐偏好量表 Finnas(1987)，13 个项目。让被试对所描述的音乐进行喜好评定，5 点记分。三类音乐偏好：轻音乐、电子音乐和重金属音乐。	喜欢重金属音乐的青少年，有更多的与家人相处问题，更不尊重他人和社会规则，怀疑自己在学业上获得成就的能力。
		人格及成长问题	The Millon Adolescent Personality Inventory(MAPI;Millon et al.,1982)，15个对错陈述，20 个分量表，归为两类：adolescent personality(personality styles) and developmental issues(expressed concerns and behavioral correlates).	
David R,Vera C(1997). Music Preference and the Five-Factor Model of the NEO Personality Inventory.Psychology of music,25:120-132.	音乐偏好与大五人格的关系	音乐偏好	Music Preference Scale(MPS,Litle& Zuckerman,1986)，5 点评定，75 个项目。	开放性和外向性对于音乐偏好来说是重要的人格维度。外向者在流行音乐因素上得分更高。开放性的人喜欢更多种类的音乐。女性比男性更喜欢流行音乐。
		大五人格	NEO-PI-R，大五人格量表，240 个项目，共 5 个维度，每个维度 6 个子量表。	

（续表）

学术文章（研究者、年代、题目、发表期刊）	研究主题	研究变量	研究工具	结论
Dollinger S(1993).Research note:personality and music preference:extraversion and excitement seeking or openness to experience?Psychology of Music,21:73-77.	音乐偏好与大五人格的关系	音乐偏好	Music Preference Scale(MPS)，简版	开放性预测经典音乐、爵士乐、灵歌、蓝调等音乐偏好。外向性能预测爵士乐偏好，但是负向预测宗教音乐偏好，外向性维度的子维度“刺激寻求性”与硬摇滚音乐偏好正相关。神经质与流行音乐偏好正相关，宜人性与经典音乐偏好正相关。
		大五人格	NEO-PI，大五人格量表	
Rawlings et al(1995). Toughmindedness and preference for musical excerpts,categories and triads. Psychology of music,23:63-80.	音乐偏好与Eysenck人格三维度的关系	音乐偏好	Music Preference Scale(MPS)	精神质维度与硬摇滚音乐偏好正相关，但与流行音乐、软摇滚音乐、经典音乐、电子音乐等偏好负相关。外向性与电子音乐、宗教音乐和背景音乐等偏好正相关。
		外向性、神经质、精神质	Eysenck Personality Questionnaire(Revised), 包含外向性、神经质、精神质 3 个分量表以及一个说谎分量表。	

参考文献

[1] 曹理，何工（2000）. 音乐学习与教学心理 . 上海音乐出版社 . P404—405.

[2] 陈美华，陈东有（2012）. 英国文化产业发展的成功经验及对中国的启示 . 南昌大学学报（人文社会科学版）.

[3] 丁东红，刘沛（译）（1999）. 艺术教育的价值和质量——美国十大教育组织致国会的“原则陈述”. 沈阳音乐学院学报，4：49—50.

[4] 董奇主编（2004）. 中小学教育评价，中国轻工业出版社，P180—182.

[5] 杜卫（2014）. 美育论 . 教育科学出版社，2014.

[6] 多纳德 · 霍杰斯主编，刘沛，任恺译（2006）. 音乐心理学手册 . 湖南文艺出版社，P101.

[7] 范俊英，施建农，宋斌等（2009）. 音乐特长生与普通中学生智力与创造力的比较研究 . 中国临床心理学杂志，03：278—280.

[8] 弗朗西斯 .H. 劳舍尔等主编 . 南云等译（2020）. 音乐教育神经科学，上海教育出版社 .

[9] 郭声健（2001）. 艺术教育 . 教育科学出版社 .

[10] 郭声健（2004）. 音乐教育论 . 湖南文艺出版社 .P68.

[11] 郭声健（2004）. 从多元智能结构理论看音乐教育的育人价值 .《人民音乐》，4.

[12] 郭声健（2012）. 艺术教育论 . 暨南大学出版社 .

[13] 侯建成，宋蓓，周加仙，孙长安，朱海东（2017）. 绝对音高加工的认知神经机制 . 心理科学进展，25(11)：1865—1876.

[14] 黄君（2010）. 音乐与空间推理能力——莫扎特效应的实验研究 . 中央音乐学院学报，2:124—129.

[15] 加德纳著，沈致隆译（2008）. 智能的结构 . 中国人民大学出版社 .

[16] 蒋存梅（2005）. 国外音乐能力研究的回顾与反思 . 音乐研究，3.

[17] 雷默著，熊蕾译（2003）. 音乐教育的哲学 . 人民音乐出版社，P121.

[18] 李嘉珊（2020）.《文化贸易蓝皮书：中国国际文化贸易发展报告（2020）》. 社会科学文献出版社 .

[19] 李小枚，李嘉珊（2020）.《中国国际文化贸易发展报告（2019）》. 社会科学文献出版社 .

[20] 李协京（2008）. 从日本全国学力考试看其中小学教育质量监测 . 外国教育研究，10.

[21] 刘沛译（1998）. 美国《艺术教育国家标准》. 中国美术教育，5.

[22] 刘沛译，Paul Haack 著（2002）. 走向功能音乐教育 .《人民音乐》，11.

[23] 刘沛（1998）. 美国音乐教育概况 . 上海教育出版社，P282—284.

[24] 刘沛（2011）. 美国学校音乐教育概括 . 上海教育出版社 .

[25] 缪裴言，缪力，林能杰（2011）. 日本学校音乐教育概况 . 上海教育出版社 .

[26] 南云（2020）. 音乐教育神经科学 . 上海教育出版社 .

[27] 宋蓓，侯建成，骆丹，周加仙（2020）. 音乐训练的“关键期”与

“敏感期”及其音乐教育启示．教育生物学杂志，04：278—285.

[28] 魏煌，侯锦虹（2011）．苏联学校音乐教育．上海教育出版社．

[29] 辛涛，李峰（2007）．基础教育质量监测的国际视野．人民教育，13：4—5.

[30] 辛涛，李峰，李凌艳（2007）．基础教育质量监测的国际比较．北京师范大学学报（社会科学版），6：5—10.

[31] 尹少淳（2017）．从核心素养到美术学科核心素养——中国基础教育美术课程的思路．美术观察，4.

[32] 郑也夫（2016）．后物欲时代的来临．中信出版社．

[33] 中华人民共和国教育部（2001）．义务教育课程设置实验方案．北京师范大学出版社．

[34] 中华人民共和国教育部（2002）．学校艺术教育工作规程．北京师范大学出版社．

[35] 中华人民共和国教育部（2004）．全国农村学校艺术教育改革和发展研究实验方案．

[36] 周海宏（2002）．器乐学习与儿童智力发展研究报告．中国音乐学，2:5—22.

[37] 周世斌（2006）．音乐教育与心理研究方法．上海音乐出版社．

[38] Alison Abbott(2007).Mozart Doesn’t Make You Clever.News @ Nature.09(Apr).

[39] American Academy of Arts & Sciences (2021).Art for Life’s Sake:The Case for Arts Education:https://www.amacad.org/publication/case-for-arts-education.

[40] Amunts K,Schlaug G,Jancke L,Steinmetz H,Schleicher A,Dabringhaus

A,Zilles K(1997).Motorcortex And Hand Motor Skills:Structural Compliance in The Human Brain.Human Brain Mapping,5:206–215.

[41] Andrea M(2005).A Study Of The Effects Of Visual Spatial And Musical Intelligences on Sixth Grade Ohio Proficiency Test(OPT) Math Scores. Dissertation.The George Washington University.

[42] Boyle J D & Radocy R E(1987).Measurement and Evaluation of Musical Experiences.New York:Schirmer Books,p177-191.

[43] Christine H(1985).A Comparison of the Music Aptitude,Scholastic Aptitude,and Academic Achievement of Young Children.Psychology of Music,13.

[44] David R,Vera C(1997).Music Preference and the Five-Factor Model of the NEO Personality Inventory.Psychology of music,25:120-132.

[45] Dehaene S,Spelke E, Pinel P,Stanescu R,Tsivkin S(1999). Sources of Mathematical Thinking:Behavioral and Brain-imaging Evidence. Science,284(5416):970-4.

[46] Dollinger S(1993).Research Note:Personality and Music Preference:Extraversion and Excitement Seeking or Openness to Experience?Psychology of Music,21:73-77.

[47] Farnsworth P R(1969).The Social Psychology of Music(2nd Ed.).Ames:Iowa State Uniersity Press,p208.

[48] Franklin M S Et Al(2008).The Effects of Musical Training on Verbal Memory,Psychology Of Music,36(3):353-365.

[49] Gaab N,Schulze K,Ozdemir E,Schlaug G(2006).Neural Correlates Of Absolute Pitch Differ Between Blind And Sighted Musicians. Neuroreport.17(18):1853–1857.

[50] Gordon E(1989).Iowa Tests of Music Literacy.GIA Publications Inc.

[51] Hallam S(2002).Constructions of Music Ability,Bulletin of the Council for Research in Music Education,Spring & Summer.

[52] Hoffer C R(1993).Introduction to Music Education (2nd Edition).Long Grove,IL:Waveland Press.

[53] Jessica H D(2008).Why Our Schools Need the Arts.New York:Teachers College Press,p44-48.

[54] John J(2008).Music skill and Cognition.in Michael G.Learning,Arts,and the Brain The Dana Consortium Report on Arts and Cognition.Published by Dana Press,New York/Washington,D.C.

[55] Jones,M H,and Estell,D B(2007).Exploring the Mozart effect among high school students[J].Psychology of Aesthetics,Creativity,and the Arts,1,219–24.

[56] Kelly D.S and Gregory T.F(2003).Music Preferences,Personality Style,and Developmental Issues of Adolescents.Journal of Youth and Adolescence,32(3):205–213.

[57] Lee L Y & Miller J M(2003).Music Education Culture and The Development of Multiple Intelligences in Preschool Children:a Handbook For Teachers And Parents.New York:Corporation For Social Research Center.

[58] Moorhead G & Pond D(1978).Music of young children.(Reprinted from the 1941-1951 editions)Santa Barbara,CA:Pillsbury Foundation for the Advancement of Music Education.

[59] Moreno S And Besson M(2006).Musical Training and Language-Related Brain Electrical Activity in Children.Psychophysiology.43:287–291.

[60] Nancy L A,Frank J,Terry L S(2004).The NAEP 1997 Arts Technical

Analysis Report.ETS NAEP Technical and Research Report Series.

[61] Nantais K M.& Schellenberg E G(1999).The Mozart Effect:an Artifact of Preference.Psychological Science.10(4).

[62] National Assessment Governing Board,U S DE(1997).1997 Arts Education Assessment Framework.

[63] National Assessment Governing Board,U S DE(2008).1997 Arts Education Assessment Framework.

[64] National Center for Education Statistics(1998).Highlights of the NAEP 1997 Arts Assessment Report Card(music).

[65] New Zealand's National Education Monitoring Project.Music Report(1996,2000,2004).

[66] Nikki S R(2004).Intense Emotional Responses to Music:a Test of the Physiological Arousal Hypothesis.Psychology Of Music;32;371.

[67] Pantev C.et al(1998).Increased Auditory Cortical Repesentation in Musicians.Nature.392:811–814.

[68] Peretz I(2003).The Cognitive Neuroscience of Music.Oxford University Press.

[69] Phillips-Silver J & Trainor L J(2005).Feeling The Beat:Movement Influences Infants' Rhythm Perception.Science.308:5727.

[70] Portowitz,A,Lichtenstein,O,Egorova,L,& Brand,E(2009).Under-lying mechanisms linking music education and cognitive modifiability[J].Research Studies in Music Education,31,107–128.

[71] Radocy R E & Boyle J D（1979）.Psychological Foundations of Musical Behavior.Springfield I11:Charles C Thomas.

[72] Rauscher F H(1993).Music and Spatial Task Performance. Nature.365(14):611.

[73] Rawley S,Brunner R (2002).Three Art Assessments,New York.

[74] Rawlings et al(1995).Toughmindedness and Preference for Musical Excerpts,Categories and Triads.Psychology of Music,23:63-80.

[75] Rentfrow P J,Gosling S D(2003).The Do Re Mi' s of Everyday Life:The Structure and Personality Correlates of Music Preferences.Journal of Personality and Social Psychology.84(6).

[76] Schellenberg E G(2006).Long-Term Positive Associations between Music Lessons and IQ.Journal of Educational Psychology,98(2).

[77] Schellenberg,E G(2004).Music lessons enhance IQ.Psychological Science,15,511–514.

[78] Schellenberg,E G(2012).Cognitive performance after music listening:A review of the Mozart effect.Music,health and wellbeing,324-338.

[79] Schellenberg,E.G.Weiss,M.W.(2013).Music and cognitive abilities,in The psychology of music(3rd ed.,pp.499-550),Deutsch,D,Amsterdam:Elsevier.

[80] Sima H.A et al(2002).Relations among Musical Skills,Phonological Processing,and Early Reading Ability in Preschool Children.Journal of Experimental Child Psychology,83:111–130.

[81] Stephen F Z(1992).Relationships among Parental Involvement,Music Aptitude,and Musical Achievement of Instrumental Music Students.Journal of Research in Music Education.

[82] Susanne B & Thomas H.R(2003).Differences in Mental Abilities between Musicians and Non-Musicians.Psychology of Music,31(2):123-138.

[83] Thompson,W F,Schellenberg,E.G.,& Husain,G(2001).Arousal, mood,and the Mozart effect[J].Psychological Science,12,248–251.

[84] Trainor L J,Desjardins R N,& Rockel C(1999).A Comparison of Contour and Interval Processing in Musicians and Nonmusicians Using Event-Related Potentials.Australian Journal of Psychology.51:147–153

[85] Venkatraman V,Siong S C,Chee M W L,Ansari D(2006).Effect of Language Switching on Arithmetic:a Bilingual FMRI Study.Journal of Cognitive Neuroscience.18(1):64-74.

[86] Winner,E(2000).The relationship between arts and academic achievevenment:No evidence(yet) for a causal relationship[C].Los Angeles, California,17-31.

[87] Wolf Michael(2003).The Entertainment Economy:how Mega-Media Forces are Transforming Our Lives,Penguin Books Ltd.

[88] YingshouXing,YangXia,Keith Kendrick,Xiuxiu Liu,MaosenWang,Dan Wu,HuaYang,Wei Jing,DaqingGuo & DezhongYao(2016).Mozart,mozart rhythm and retrograde mozart effects:evidences from behaviours and neurobiology bases. Scientific reports 6 (1),1-11.

[89] Zerull D S (1990).Evaluation in Arts Education:Building and Using an Effective Assessment Strategy.Design for Arts In Education,92(1):19-24.

[90] Zwicker E,Flottorp G & Stevens S S(1957).Critical Band Width in Loudness Summation.Journal of the Acoustical Society of American.29,548-557.

网站资源

[1] 美国 NAEP 官网 http://nces.ed.gov/

[2] 新西兰 NEMP 和 NMSSA 官网 http://nemp.otago.ac.nz；https://nmssa.otago.ac.nz/

[3] 英国学历和课程大纲局 QCA 主页 http://www.qca.org.uk

[4] 英国儿童、学校与家庭部官网 http://www.dcsf.gov.uk/

[5] 日本国立教育政策研究所 NIER 官网 http://www.nier.go.jp/

[6] 哈佛大学教育研究院零点项目官网 http://www.pz.harvard.edu/

[7] 高登音乐学习研究所网址（Gordon Institute of Music Learning）http://www.giml.org

[8] 南卡罗来纳大学图书馆测验网址 http://www.sc.edu/library/music/kits.html

[9] Glenn Schellenberg 教授主页 http://www.erin.utoronto.ca/~w3psygs

后　记

随着我国教育不断发展，艺术教育越来越受到重视，儿童青少年艺术素养的培养和提升成为社会关注的热点。社会艺术教育市场活跃，学校艺术教育相关的政策文件层出不穷。2020 年 10 月，国务院办公厅印发《关于全面加强和改进新时代学校美育工作的意见》，可以说引起了大众对艺术教育的前所未有的关注，并将引发更多的各种层面的讨论。本书研究音乐素养评价中的一些问题，试着为这一薄弱的研究领域添砖加瓦。

本书是在我博士后出站报告的基础上修改而成。首先，感谢我的合作导师董奇教授。我有幸能进入艺术教育评估和艺术心理研究这一交叉学科领域，得益于老师的引领和帮助。老师对科研工作敏锐的洞察力、孜孜以求的专业精神、精益求精的工作作风和强烈的社会责任感，时时鞭策我在科学研究的道路上积极进取、奋发向上。

感谢和我一起工作过的课题组成员协助我查阅艺术评估前沿文献，与他们探讨和交流促进了我对艺术评估工作的思考。我担任国家基础教育质量协同创新中心艺术监测秘书及部门副主任期间，本书中的音乐素养评估研究及其他艺术学科素养评估研究在国家艺术监测工作中起到了一定的作用。此后，随着研究和教学工作推进，我不断对其中的内容进行更新。特别感谢这些年在我工作中给予无私帮助的学院同事和艺术教育专家。教学相长，感谢学生们在课堂内外与我不断探究和共同进步。最后，感谢我的家人对我的支持！

在本书撰写过程中，我尽量广泛查阅资料并进行深入分析。但是鉴于个人水平有限，书中如有错漏之处，恳请大家不吝批评指正。

北京师范大学田家炳艺术教育书院

李红菊